via reise tour

W0069651

Harald Lachmann

Ab ins Grüne

Ausflüge rund um Leipzig & Halle

via reise verlag

Inhalt

LEIPZIG CITY

NORDEN

OSTEN

SÜDEN

WESTEN

HIGHLIGHTS UM

COSPUDENER SEE ▶ Seite 22

Eine Rundtour um das bisherige Vorzeigege-
wässer im Leipziger Neuseenland führt auch
entlang von Sachsens längstem Sandstrand,
zu einem Aussichtsturm und an einen Pier mit
Flair à la Mecklenburg.

GOITZSCHE ▶ Seite 54

Ist das noch das alte Bitterfeld? Mit dem ge-
fluteten Tagebau Goitzsche avancierte die
Kleinstadt längst zur Stadt am See. Vom Hafen gelangt man zügig in neue Wälder, stille
Buchten, geschützte Naturrefugien aber auch
zu Marinas und einer schicken Promenade.

WÖRLITZER PARK ▶ Seite 58

Die Gartenroute von der Bauhausstadt Dessau
nach Wörlitz, wo sich einer der frühesten und
bedeutendsten Landschaftsparks Kontinental-
europas ausbreitet, führt in ein Stück Weltkulturerbe: opulenter Garten mit Schloss, historis-
tische Phantasiebauten und viel Wasser.

TORGAU ▶ Seite 72

Die Renaissance-Perle direkt an der Elbe ver-
eint mit sage und schreibe 500 Einzeldenk-
malen Historie auf Schritt und Tritt. Unbestrit-
tener Höhepunkt ist Schloss Hartenfels mit
dem spektakulären Wendelstein im Innenhof
und einem kleinen Bärenzwinger.

LEIPZIG & HALLE

NEUSEENLAND ▸ Seite 116

Mittlerweile gehören bereits 18 Seen mit insgesamt 70 Quadratkilometern Wasserfläche zum Leipziger Neuseenland. Zahlreiche Radrouten führen in diese wieder ergrünte Wassersportlandschaft, die Jahr für Jahr neue spektakuläre Seiten offenbart.

UNSTRUT – WEINWANDERWEG
▸ Seite 172

Von der Domresidenz Naumburg über die Fähre am Blütengrund zur wohl weinseligsten Tour in ganz Mitteldeutschland führt dieser Ausflugsklassiker schließlich in das Burg- und „Rotkäppchen"-Städtchen Freyburg.

HIMMELSSCHEIBE NEBRA ▸ Seite 176

Schlichtweg eine Weltsensation war der Fund jener kleinen bronzenen Scheibe mit Himmelsgestirnen. Rad- und Wanderwege geleiten von der Arche Nebra zum direkten Fundort sowie einem eigenwilligen Aussichtsturm auf dem waldgesäumten Mittelberg.

SAALEBURGEN ▸ Seite 182

Der kurzweilige, wenn auch etwas bergige Wanderpfad zwischen den Vesten Saaleck und Rudelsburg bietet bezaubernde Aussichten auf das Saaleland, eine gute Küche und tiefe Einblicke in die Geschichte.

Besser verbunden im MDV mit

S-Bahn und PlusBus

Mit der S-Bahn Mitteldeutschland und dem PlusBus-Netz im MDV kommen Sie immer an Ihr Ziel. Alle Linien sind optimal aufeinander abgestimmt und fahren im dichten Takt – auch am Wochenende.

S-Bahn und PlusBus im dichten Takt.
Das starke Netz im MDV.

Im MDV gilt Ihr
Verbundticket für

MDV
Einfacher fahr'n

Vorwort

Erleben und genießen

Kaum steigt die Sonne etwas höher, drängt es den Städter mit Macht in die Natur. Ab ins Grüne, heißt die Devise. Am besten ohne Auto – nur zu Fuß oder im Fahrradsattel. Aber gelingt das heute überhaupt noch? Kann man ein ganzes Wanderjahr weitläufig durch das grüne Umland streifen, ohne zuvor einen Parkplatz ansteuern zu müssen?

Und ob das geht! Dieses Büchlein beschreibt nicht nur detailliert 41 Ausflüge rund um die Metropolen Leipzig und Halle, so dass ein Verirren praktisch unmöglich ist. Es lässt jede Tour auch konsequent an einem Bahnhof beginnen und wieder enden. Selbst die Taktzeiten der Züge sind zu jeder Route vermerkt. Damit lässt sich der Tag ins Grüne ebenso bequem daheim planen wie unterwegs dann einteilen.

Das Regional- und S-Bahnsystem um Leipzig und Halle ist mittlerweile hervorragend ausgebaut. Räder werden nahezu überall mitgenommen. Ein Blick auf das Streckennetz des Mitteldeutschen Verkehrsverbundes (MDV) zeigt die große Breite an Ausflugsvarianten im Dreiländereck zwischen Sachsen, Sachsen-Anhalt und Thüringen. Die schönsten Ziele stellt dieser Tourenplaner zusammen – Naturparks und Seenlandschaften, Schlösser und Gärten, alte Städte und malerische Dörfer. Es finden sich Klassiker wie das Muldental, die Dahlener Heide oder die Saaleburgen, grüne Brückenschläge zwischen den Großstädten oder auch innerstädtische Ausflüge per Tram.

Zuweilen werden wir aber auch noch zum Entdecker. Etwa wenn wir durch das Zeitzer Land in die Heimat einer fast vergessenen Käse- und Weintradition strampeln oder die noch wachsenden neuen Seen um Merseburg, Markkleeberg und Zwenkau erkunden. Zu allen Touren liefert das Büchlein überdies Launiges wie Praktisches, es informiert über Gestern und Heute, empfiehlt reizvolle Museen und verrät nicht zuletzt, wo die Einkehr lohnt.

Also, liebe Leserinnen und Leser, ab ins Grüne!

Der Autor
Harald Lachmann, Jahrgang 1954, ist studierter Journalist. Er lebt im Leipziger Umland und arbeitet als Autor und Korrespondent für Zeitungen und Zeitschriften in ganz Deutschland. Die Landschaft rund um Leipzig und Halle ist ihm seit der Kindheit vertraut. Um die schönsten Wege neu zu erkunden, wanderte oder radelte er einen Sommer lang kreuz und quer durch die Region.

MDV-Informationen

Mit Bahn und Bus Mitteldeutschland entdecken

Das Gebiet rund um Leipzig und Halle ist ein Entdeckerland. Die Dübener Heide, das Weinbaugebiet an Saale und Unstrut, weite Elb-, Saale- und Muldeauen oder das hügelige Osterland, malerische Dörfer oder die beiden Großstädte – Mitteldeutschland bietet eine verblüffende Vielfalt.

All die interessanten Ziele können zuverlässig und bequem mit öffentlichen Verkehrsmitteln erreicht werden. Die Busse und Bahnen im Mitteldeutschen Verkehrsverbund (MDV) erschließen ein großes Gebiet, das sich über Teile Sachsens, Sachsen-Anhalts und Thüringens erstreckt.

Dabei bietet das dichte Netz an Linien mehr Möglichkeiten denn je: Seit Ende 2013 bereichert die neue **S-Bahn Mitteldeutschland** den Nahverkehr im MDV. Sechs S-Bahn-Linien befahren ein 430 Kilometer langes Streckennetz mit 107 Bahnhöfen. Im Kerngebiet des Netzes rollen die Bahnen dabei im Halbstundentakt. Die Express-S-Bahn S5X verbindet Halle, den Flughafen und Leipzig mit der Skatstadt Altenburg und fährt anschließend sogar bis Zwickau. Herzstück des S-Bahn-Netzes ist der City-Tunnel Leipzig. Er ermöglicht es, dass die komplette Leipziger Innenstadt von der Region aus ohne umzusteigen erreichbar ist.

Ergänzt wird das S-Bahnangebot durch 26 **PlusBus-Linien**, die die Vorteile der S-Bahn auch dorthin tragen, wo die Züge selbst nicht hinkommen. Optimierte Anschlüsse gewährleisten dabei kurze Umsteigezeiten zwischen Bussen und S-Bahnen sowie zu anderen Nahverkehrszügen. Die Busse fahren im festen Takt und sorgen auch an Wochenenden und Feiertagen für eine gute Erreichbarkeit touristisch interessanter Ziele.

Die MDV-Verbundtickets gelten für alle Verkehrsmittel. Umstiege zwischen S-Bahnen, sonstigen Nahverkehrszügen, Regional- und Stadtbussen sowie Straßenbahnen sind damit flexibel möglich. Auch das Ticketsortiment lässt keine Wünsche offen. Insbesondere die **Tageskartenangebote** sind für Touristen interessant: Es gibt sie für eine, zwei, drei, vier oder fünf Personen. Mitfahrende Personen zahlen dabei nur die Hälfte des Preises für die erste Person. Auch für Kinder ist eine Tageskarte im Angebot.

Mit der neuen **Leipzig Regio Card** gibt es komplett freie Fahrt im gesamten MDV und darüber hinaus auch attraktive Preisvorteile bei Rundfahrten, in Museen, Kabaretts, Theatern, bei Festivals, in Restaurants und Freizeiteinrichtungen in Leipzig und in der Region. Die Leipzig Regio Card ist an den Tourist-Informationen in Leipzig und in der Region Leipzig, in rund 40 weiteren Verkaufsstellen sowie an den Fahrkartenautomaten des MDV erhältlich.

Fahrradfahrer werden einen weiteren Service schätzen: Innerhalb des MDV ist die **Fahrradmitnahme** in allen Nahverkehrszügen und S-Bahnen kostenfrei möglich. Ein Vorteil, der rege genutzt wird. So kann es auf intensiv nachgefragten Verbindungen durchaus passieren, dass an schönen Tagen die angebotene Mitnahmekapazität schnell erreicht ist.

Mit der Handy-App **easy.GO** bietet der MDV einen mobilen Informations- und Ticketservice an. Verbindungsauskünfte, Haltestellenabfahrtszeiten, Liniennetzpläne und aktuelle Verkehrsmeldungen sind so unterwegs immer abrufbar. Auch erstmalige Nutzer des MDV-Angebots finden mit easy.GO einen spielend leichten Zugang zu allen wichtigen Informationen. Besonderer Vorteil: easy.GO ermöglicht den Ticketkauf per Handy ohne aufwändige Systemanmeldung. Die Abrechung erfolgt ganz einfach über die Mobilfunkrechnung. Und auch wer kein iPhone- oder Android-Handy besitzt, kann über die Web-App easygo.mdv.de die Vorteile von easy.GO nutzen.

Diejenigen, die sich am heimischen PC über Verbindungen, Anschlüsse oder Tarife informieren wollen, bekommen alle notwendigen Informationen unter www.mdv.de. Dort ist auch der **MDV-Fahrtenplaner** integriert, mit dem die Vorbereitung eines Ausflugs zum Kinderspiel wird.

Weitere Infos zum MDV erhalten Sie unter www.mdv.de oder unter Tel. (0 18 03) 22 33 99 (0,09 €/Min. aus dem dt. Festnetz, Mobiltfunktarif max. 0,42 €/Min.)

easy.GO Kostenloser Download im App-Store und bei Google Play sowie als WebAPP über easygo.mdv.de

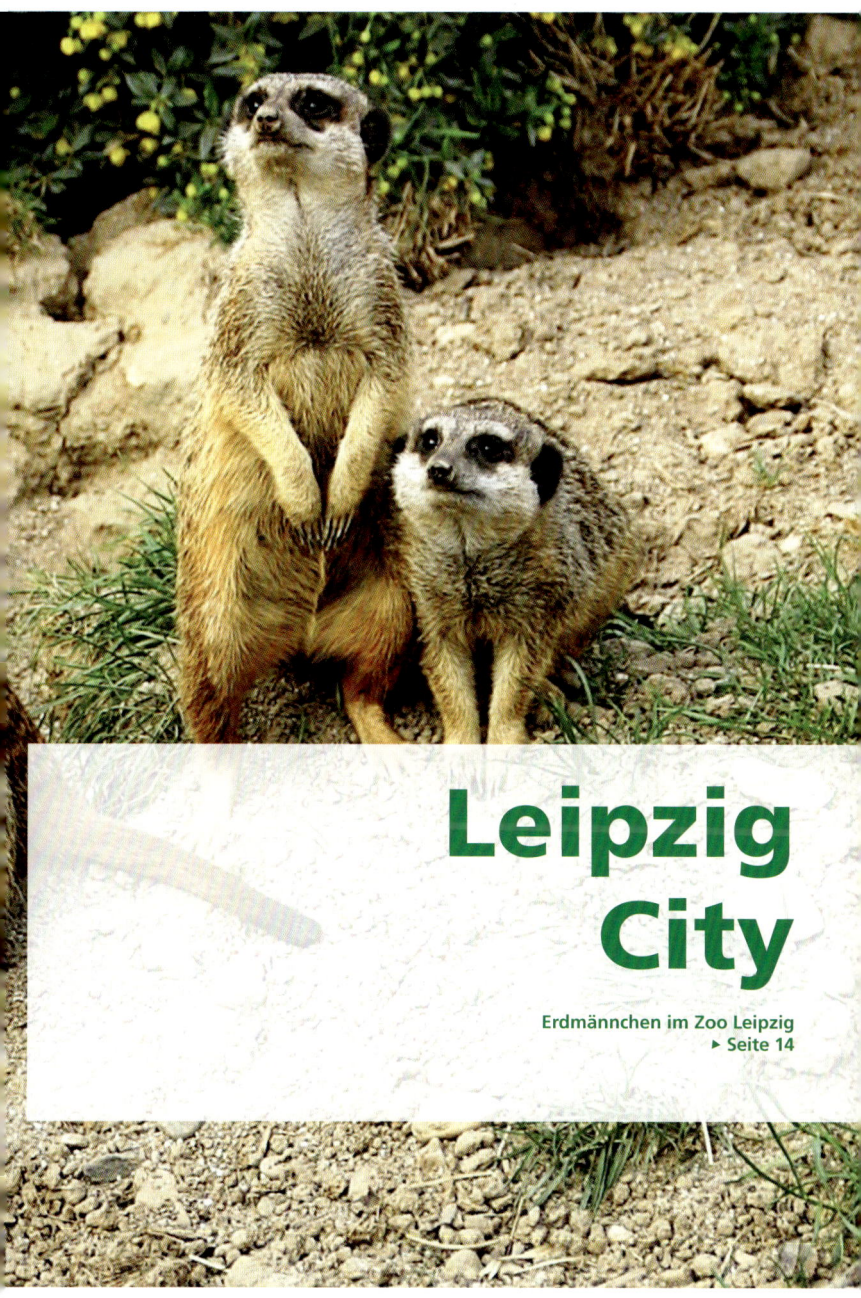

Leipzig City

Erdmännchen im Zoo Leipzig
▸ Seite 14

Start
Haltestelle Leipzig Zoo
Tram 12 alle 10–15
Min. oder 15 Min. zu
Fuß ab Leipzig Hbf.

Spaziergang
Rosental mit Zooschau-
fenster, Großer Wiese,
Aussichtsturm, Gohliser
Schlösschen, Schiller-
haus

Rückfahrt
Haltestelle Menckestra-
ße Tram 4 alle 10–15
Min. nach Leipzig Hbf.

Gohliser Schlösschen
Rokokopalais mit schönem
Garten und Wasserspielen,
regelmäßig Konzerte und
Theater.
Menckestr. 23
04155 Leipzig
Tel. (03 41) 58 96 90

**Restaurant im
Gohliser Schlösschen**
Exklusives Interieur, geho-
bene Küche, Kaffee- und
Konditorei-Angebot.
Tel. (03 41) 25 39 81 00
www.gohliser-schloss.de
Mo–Sa ab 11, So ab 10 Uhr
(10–14 Uhr Brunch)

Rosental

Stille im Großstadtlärm

Rosen gab es kaum hier und schon gar keinen Berg, der ein Tal benötigt hätte. Bis heute ungeklärt ist also der Name des grünen Refugiums, in dem sich vereitelte Protzbaupläne, große Dichtkunst und kostenlose Zoo-Einblicke wie sonst nirgendwo treffen.

Entweder wir nehmen die Tram vom Hauptbahnhof bis zum Zoo. Oder wir bummeln durch die City westwärts zum Brühl und laufen am Naturkundemuseum vorbei durch die Rosentalgasse. So steuern wir direkt auf die bereits 1708 angelegte **Große Wiese** im Rosental zu. Das Rosental diente lange den Markgrafen von Meißen als Nutzwald. Später ging es an die Kurfürsten aus dem Hause Wettin über. Einer von ihnen, August der Starke, hatte auch Großes vor damit. Im Schnittpunkt von 13 strahlenförmigen Schneisen plante er ein sächsisches Sanssouci. Doch die 50 000 Taler hierfür sollten die Leipziger selbst blechen. Zehn Jahre lang wehrte sich der Rat mit List und Geschick gegen des Monarchen Pläne. Man führte häufige Überschwemmungen und „lästiges Mückengeschmeiß" ins Feld, da gleich drei Wasser den Park umschließen.

Und man hatte Erfolg, der starke August gab klein bei. Einzig ein überdachter Aussichtsturm wurde im Schnittpunkt der Alleen errichtet. Doch im Verlaufe der Jahre verschwand auch der. Dafür lädt im Nordwesten des Rosentals, wo dieses am Stadion in das Niederholz übergeht, seit 1896 der **Rosentalturm** zum Besteigen. Er steht auf einem 20 Meter hohen Hügel zwischen recht dichtem Auenwald und heißt in Leipzig nur der „Scherbelberg". Denn man hatte ihn zuvor aus 60 000 Pferdefuhren Hausmüll angehäuft. Der Turm ist indes schon der zweite. Nachdem das hölzerne Original 1943 im Bombenhagel verbrannt war, wurde 1975 ein neuer gebaut – aus Stahl und nun gar 35 statt 15 Meter hoch. Von ihm aus sieht man noch den Flughafentower und die Hochhäuser Grünaus.

Im Jahr darauf eröffnete an der Großen Wiese auch das **Zooschaufenster**. Das ist eine mauerlose Begrenzung aus Strauchwerk und Wassergräben, über die man in einige Tiergehege blickt. Später kamen Spielplätze hinzu sowie Deutschlands einziger **Blindenpark**. Bereits ab 1837 hatte die Umwidmung in einen englischen Landschaftspark dem Rosental seine strenge Gliederung genommen. Brücken überspannen seither die Gewässer und auf der Hauptachse wächst eine Friedenseiche. Rings um diese, bis vor zum Teich, herrscht von früh bis spät Begängnis durch Radler, Jogger, Spaziergänger oder Wagen schiebende Muttis.

Dass es einst hier elitärer zuging, belegen die Villen und Palais, die im Nordosten an das Rosental grenzen. Das prunkvollste ist das **Gohliser Schlösschen**, das man über die Turmgutstraße erreicht. Der Rokokobau von 1756 dient heute samt dem schönen Garten als Kulisse für Konzerte, Bälle und Sommertheater.

Weniger glanzvoll, dafür umso bedeutsamer für der Deutschen Selbstfindung ist gleich um die Ecke ein weißes Gartenhaus, das **Schillerhaus**. Hier arbeitete 1785 Friedrich Schiller. Ihn inspirierte die Gohliser Luft zu seiner Ode „An die Freude".

Schillerhaus
Hier schrieb Friedrich Schiller die Ode „An die Freude". Ältestes deutsches Literaturmuseum im 1717 erbauten und damit ältesten erhaltenen Leipziger Bauernhaus.
Menckestr. 42
04155 Leipzig (Gohlis)
Tel. (03 41) 5 66 21 70
Nov.–März Mi–So 11–16,
Apr.–Okt. Di–So 10–18 Uhr

Start und Ziel
Haltestelle Leipzig Zoo
Tram 12 alle 10–15
Min. oder 15 Min. zu
Fuß ab Leipzig Hbf.

Zoobesuch

Zoo Leipzig
Pfaffendorfer Str. 29
Tel. (03 41) 59 33 500
www.zoo-leipzig.de
21. März–30. Apr. 9–18,
Mai–Sep. 9–19, Okt. 9–18,
Nov.–20. März 9–17 Uhr
16 € / erm. 13 €/ Kinder
(4–14 Jahre) 9 €
Es gibt Gruppenermä-
ßigungen, Eltern-Kind-
Rabatte sowie preiswerte
Abendkarten.

Zoo Leipzig

Tiere ohne Gitter

**Tiger leben wie in der Taiga, Hyänen mit
Giraffen und Zebras in einer großen Savan-
ne, Gorillas tauchen aus dem Nebel auf. Der
Zoo der Zukunft muss sich an dem messen
lassen, was in Leipzig längst Gestalt ange-
nommen hat.**

Erst ist da nur ein Rascheln im Unterholz, dann
leuchtet ein Fell auf. Schwarzbraune Streifen auf
gelbem Samt. Und plötzlich blicken einen zum
Anfassen nah zwei stechende Augen an, dass es
einem im ersten Moment schaudert. Gehören sie
doch zur größten Raubkatze der Welt, dem Amurtiger. Imposante vier Meter lang kann er werden.
Doch Tomak, wie der Bursche heißt, hat nur Durst.
Gemächlich trinkt er im Wassergraben, der bis zur
dicken Glasscheibe reicht. Dann verzieht er sich
wieder ins Dickicht von Leipzigs **Tiger-Taiga**, dem
1200 Quadratmeter großen Großkatzen-Gehege.

Wen die Gestaltung an das russisch-chinesische
Grenzland zwischen Amur und Ussuri erinnert,
liegt nicht falsch. Der Architekt empfand hier stil-
sicher ein Stück Ostsibirien nach. Dazu ergänzte
er den Altbaumbestand um Birken, Weiden und
Schwarzkiefern. Ein künstlicher Bach speist die
Wassergräben, in denen die Riesenkatzen zuweilen
auch baden.

Auf den ersten Blick erschließt sich hier, was
man in Leipzig den **Zoo der Zukunft** nennt. Seit
2001 wird Erdteil für Erdteil en miniature imitiert.
Den Besuchern soll die Wildnis soweit wie möglich nachempfindbar gemacht werden. So sind
etwa auf der Tigeranlage versteckte Futterstellen
angebracht, die sich unregelmäßig öffnen und
so die Tiere in Bewegung halten. Mit beispiel-
loser Konsequenz wird hier ein naturnaher Zoo
ohne Gitter umgesetzt mit umgestürzten Bäumen,
Felshängen, Schleichpfaden, großzügigen Was-
serläufen und grünen Rückzugsnischen. Begrenzt
werden die Gehege meist durch Wasser- und Tro-
ckengräben, teils durch Panzerglas.

Auch die Sicherheitsanlagen bleiben verborgen.

Der Amurtiger lebt in der Leipziger Tiger-Taiga

So glaubt man auf der neuen Afrika-Anlage **Kiwara-Savanne**, die sich als detailgetreue Buschsteppe über satte 25 000 Quadratmeter erstreckt, den Augen nicht zu trauen: Nur wenige Meter neben grasenden Zebras, Säbelantilopen und Straußen faulenzt ein Rudel Tüpfelhyänen. Nur unsichtbare Drähte halten die natürlichen Feinde auf Distanz.

Fast eine kleine Stadt für sich ist **Pongoland**, die weltgrößte Anlage für Menschenaffen. Hier erlebt der Besucher derzeit sechs Flachland-Gorillas, zehn Orang-Utans, 24 westafrikanische Schimpansen, zehn Bonobos sowie die Gibbon-Dame Mini. Sie bevölkern in natürlichen Verbänden die ausufernde Fels- und Grottenlandschaft.

Nahezu jährlich öffnen weitere Bereiche, bei denen sich artgerechte Haltung mit Entertainment paart. Hierzu gehören der **Okapi-Wald** für die Kurzhalsgiraffen, die **Australien-Anlage** für Kängurus und Emus, die Besucher durchwandern können, und die Löwensavanne **Makasi Simba**.

Spektakulär mutet der weitgehend umgebaute Elefantentempel **Ganesha Mandir** an. Hier lassen sich die badefreudigen Dickhäuter nun sogar noch unter Wasser beobachten. Im **Aquarium** wiederum wurde die Landschaft der Everglades in Florida nachgestellt, zur Freude der Alligatoren.

Safari-Büro
Zoolotsen vermitteln hier tierische Informationen und/oder begleiten auf individuellen Touren.
Tel. (03 41) 59 33 385

Gondwanaland
Riesentropenhalle mit 16 500 m² überdachter Fläche, 17 000 tropischen Pflanzen, 300 exotischen Tieren.

Von Gose zu Gose

Radler trinken gewöhnlich Radler. Doch besondere Routen erfordern besondere Durststiller. Wenn wir heute also den Gose-Wanderweg unter die Pneus nehmen, wäre es Frevel, andere Getränke als die Gose zu versuchen. Abstinenzler und Kinder selbstredend ausgenommen.

Im Grunde pflegen wir damit sogar ein Stück kulturelles Brauchtum. Denn das obergärige Bier, das der Berliner Weiße oder der belgischen Geuze ähnelt, war einst d a s Volksgetränk zwischen Leipzig, Halle und Dessau. Allein in der Messestadt schenkten es noch bis zum II. Weltkrieg gut 80 Lokale aus. Dann kam das jähe Aus, auch weil die Gose durch den Zusatz von Kochsalz und Koriander nicht dem deutschen Reinheitsgebot entspricht.

Erst 1986 eröffnete in Leipzig wieder eine erste Gosenschenke. Beliefert wird sie, wie nunmehr auch Dutzende weitere Lokale in der Stadt und im Umland, mit Döllnitzer Ritterguts Gose. Diese wird in der 1999 neu gegründeten Traditionsfirma W. Goedecke & Co. nach einem alten Originalrezept gebraut. Döllnitz liegt denn auch auf unserer heutigen Tour, zu der wir am **Bahnhof Leipzig-Leutzsch** starten. Gleich hier beginnt der Auenwald. Über die Gustav-Esche-Straße gelangen wir nach links über zwei Brücken, die sich über die Kleine bzw. die „große" Luppe spannen, zum **Auensee**. Unmittelbar davor stoßen wir auf den **Elster-Radwanderweg**, auf dem wir uns links halten. Dass der hier noch recht lauschig über den asphaltierten Dammweg der Luppe statt den der Weißen Elster führt, mag uns dabei nicht stören. Die Landschaft ist abwechslungsreich. Linker Hand sehen wir die Nahle in die Luppe münden, rechts bald darauf tote Arme der Elster – die Hundewasser.

Wir folgen flussabwärts den Schildern Richtung Schlobachshof. So gelangen wir an der Gundorfer Linie über eine Fußgängerbrücke über

Start
Station Leutzsch
S1 alle 30 Min. und RB
125 alle 1–2 Std. ab
Leipzig Hbf. oder Tram
7 alle 10–15 Min. bis
Georg-Schwarz-Str./
Ludwig-Hupfeld-Str.

Radtour
Leutzsch – Auensee –
Domholzschänke –
Kleinliebenau – Zweimen – Wallendorfer
See – Burgliebenau –
Döllnitz – Dieskau

Länge
35 km

Rückfahrt
Station Dieskau
S3 alle 30 Min. nach
Leipzig Hbf.

Karte ▶ Seite 18

die Weiße Elster, die uns in das **Domholz** bringt. Nach der Brücke halten wir uns erst rechts und folgen später dem ersten Weg links in Richtung der legendären Domholzschänke. Nun sei erst einmal eine zünftige Gose erlaubt! Das Lokal war übrigens nach einem verheerenden Brand, der es 2002 fast völlig vernichtet hatte, neu aufgebaut worden.

Anschließend radeln wir weiter auf dem breiten Waldweg westwärts, vorbei an einer großen Wiese und erneut durch Flusswald bis zur B 186. Die queren wir und gelangen so nach wenigen Minuten nach **Kleinliebenau**. Die Route führt im Ort direkt auf die Gutshofstraße, wo mit dem Gasthaus Kleinliebenau ein weiterer traditioneller Gose-Gasthof – gegründet 1832 – in seinem schönen Biergarten zur Rast lädt.

Ein einziges Glas mag aber genügen, denn auch **Zweimen**, unser nächstes Etappenziel, hat ein hübsches Lokal zu bieten. Der Weg dorthin führt über die Gutshofstraße wieder aus Kleinliebenau hinaus und zunächst auf der wenig befahrenen Landstraße – unter der Autobahn A 9 hindurch – nach Horburg. Nach der Kirche tauchen wir hier unweit der Samariterherberge auf

Waldgaststätte Domholzschänke
Direkt im Wald, gemütliches Interieur, großer Biergarten, traditionelle deutsche Küche mit Schwerpunkt auf Wildklassikern. Empfehlenswert sind das Hirschgulasch „Jagdmeister Art" und die geschmorte Hasenkeule in kräftiger Rotweinsauce mit hausgemachten Serviettenknödeln.
Domholz 1
04435 Schkeuditz
Tel. (03 42 05) 4 10 61
www.domholzschaenke.de
Apr.–Okt. tgl. ab 9 Uhr,
Nov.–März Mi–So 9–20 Uhr

Nördlicher Auenwald am Dorfteich Zweimen

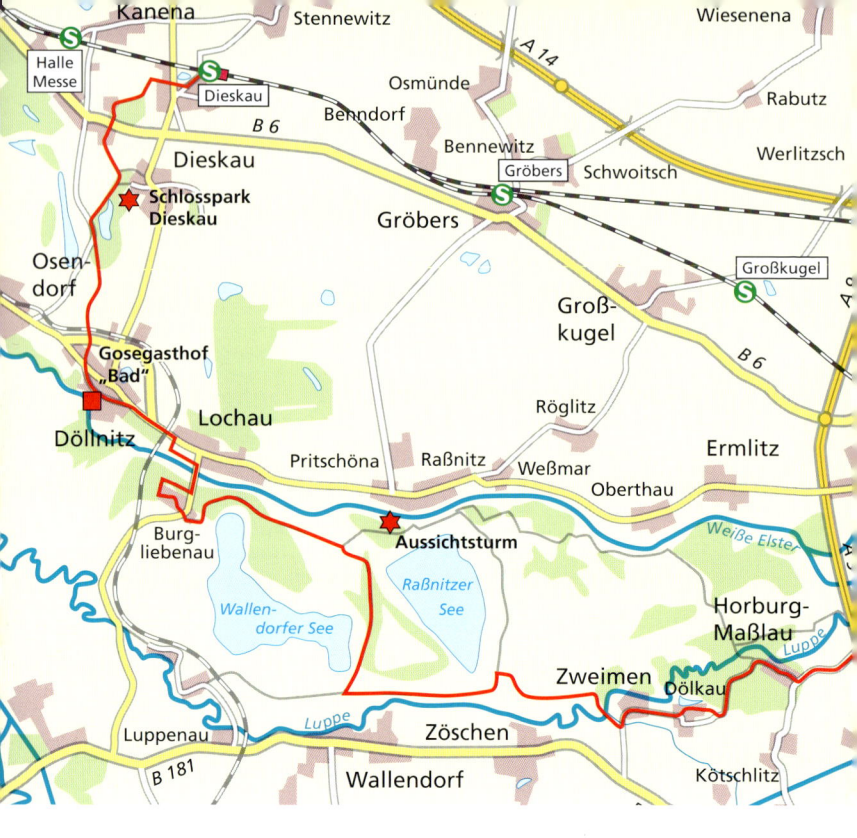

einen schmalen Weg halblinks in den **Horburger Hochwald** ein. Ein orange umrandetes Gose-Weg-Schild hilft beim Orientieren. Der Weg führt eine Weile geradeaus, kreuzt dabei einen größeren Waldweg und biegt dann halblinks ab, bis er an einer Kopfsteinpflasterstraße endet. Hier müssen wir uns links auf **Dölkau** halten. Es ruckelt aber nur kurz unter den Reifen, dann nimmt uns rechts ein gekiester Feldweg auf. Er stößt auf das schön restaurierte Dölkauer Schloss, das wir aber nur durch den Zaun bewundern dürfen. Es beherbergt jetzt ein Tagungsdomizil.

Nun ist es nur noch ein Katzensprung nach Zweimen – entweder direkt über die Dorfverbindungsstraße oder etwas „grüner" über die Luppebrücke, die wir an einem freistehenden Baum links vom Schlossareal entdecken. Von hier geht es links weiter über die Wiese am Nordufer des alten Luppebettes, dann durch den Wald bis zu

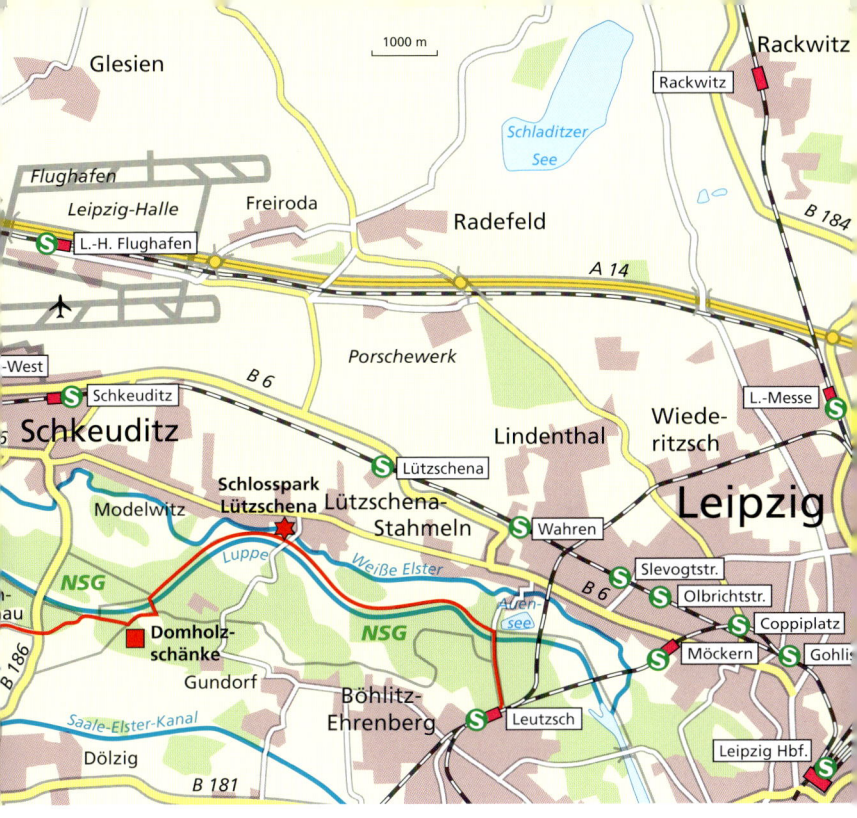

einer kleinen Brücke mit rotem Geländer, wo
man zuweilen Sumpfbiber am Ufer entdeckt, und
schließlich nach Zweimen hinein. Hier erst ein
Stück links und dann rechts bis zur Dorfstraße –
schon kommen wir zum **Gasthof Zweimen**. Sein
Biergarten grenzt idyllisch an einen von Trauerweiden umstandenen Teich.

Erneut gestärkt bzw. durstgestillt radeln wir
nun links auf der Dorfstraße bis zum Ortsausgang
und hier gleich rechts. Es geht erneut über die
Luppe und dann nach der nächsten Rechtskurve
links westwärts bis zur Drei-Eichen-Kreuzung.
An der biegen wir links zum **Raßnitzer See** ab
und folgen dessen Ufer Richtung Wallendorf. Wer
schon wieder Durst verspürt, folge den Schildern, die nach links entlang der Luppe zum Historischen Weinkeller Wallendorf locken – ein
beliebter Radlertreff. Schon August der Starke
soll hier 1538 verkehrt sein. Wer indes noch

Schloss Dölkau

durchhält, bleibe auf dem Seeweg. Er erreicht so nahtlos den **Wallendorfer See**. Man nehme jedoch kurz zuvor den Verbindungsweg zwischen beiden Gewässern, biege rechts auf diesen ein und am nächsten Wegedreieck dann wieder links, also Richtung Burgliebenau.

Burgliebenau ist ein Kleinod für Wanderer, Radler, Angler, Paddler, Naturfreaks und auch Orgelfreunde. Nicht zuletzt die Wasserqualität des Wallendorfer Sees, an dessen Nordostufer sich auch ein FKK-Strand ausbreitet, wird weithin gerühmt. In der **barocken Dorfkirche**, die man vom See jenseits der Landstraße („Fürstendamm") über die Dorfstraße erreicht, finden überdies regelmäßige Sommerkonzerte statt. Organisiert werden sie vom Leipziger Gewandhausorganisten Michael Schönheit, der in Burgliebenau wohnt.

Einkehr bietet der Gasthof „Grüne Aue" am Dorfteich. Natürlich gibt es auch Gose, zumal im Dorf auch Adolf Goedecke lebt, Sohn des letzten Rittergutsbesitzers von Döllnitz. Er hat 1999 die alte Gose-Brautradition wieder aufgenommen. Das Besondere an dieser obergärigen Biersorte ist, dass beim Brauen neben der alkoholischen noch eine bakterielle Milchsäuregärung stattfin-

Gose-Gasthof Bad
Dorfkneipe im besten Sinne, authentisches Gose-Lokal mit eigener Brauerei. Hier erfährt man viel Wissenswertes zu dieser Bierspezialität. Mit Pension.
Elstergasse 4a
06258 Schkopau
(OT Döllnitz)
Tel. (03 45) 7 82 07 21
www.gaststaette-bad.de
Mo–Fr ab 17, Sa ab 11, So/Fei ab 10 Uhr

det. Diese erzeugt den typischen säuerlichen Geschmack. Eine weitere Eigenart besteht im Zusatz von Kochsalz und Koriander. Erfunden wurde die Gose in der Harzstadt Goslar. Ihr Name rührt vermutlich vom Flüsschen Gose, dem die Braumeister im Mittelalter das Wasser zur Bierherstellung entnahmen.

Um nach Döllnitz zu gelangen, rollen wir die Dorfstraße bis zum Ende, nehmen eine Brücke über das alte Elsterbett, ruckeln ein kurzes Stück über Kopfsteinpflaster und gelangen so zum Damm der Weißen Elster. Auf diesem radeln wir nach rechts bis zur Straßenbrücke über den Fluss. Wir überqueren diese gen Lochau, bleiben aber gleich wieder am Ufer, das uns nach links durch schöne Flusslandschaft bis **Döllnitz** bringt. Am Ortseingang müssen wir nach links bis zu einem schmalen Fußweg Richtung Kirche. Hinter der verfallenen Döllnitzer Mühle geht es dann geradeaus durch die Elstergasse zum Döllnitzer Gasthof „Bad". Nirgendwo sonst lässt sich „Ritterguts Gose" authentischer genießen.

Die letzte Etappe führt schließlich weiter durch die Elstergasse nach links in Richtung des maroden Döllnitzer Gutes und dann halbrechts in die Ledermannstraße. Die führt geradewegs in die Gosestraße (Welch Ehre für ein Bier!) und von hier dann über einen Berg durch Felder und Wiesen nach **Dieskau**. Auch dieses Dorf mit seinem großen Landschaftspark und dem derzeit aufwändig restaurierten Renaissanceschloss ist eine Verschnaufpause wert. Im Sommer erlebt die schon sehr schön erneuerte Kirche daneben ebenfalls Konzerte. In ihr wurde übrigens 1651 eine gewisse Dorothe Taust getauft – die Mutter des später berühmten Georg Friedrich Händel. Und natürlich schenkt das umtriebige Wirtsehepaar im Schlossrestaurant auch Gose aus. Aber Vorsicht: Bis zur S-Bahn-Station sind dann noch einmal 2,5 Kilometer zu strampeln …

**Restaurant-Café
Dieskauer Schloss**
Rustikales Haus mit Gartensalon, Sonnenterrasse, Gewölberäumen und Schlosshof. Ambitionierte internationale Küche mit mediterranem Einschlag.
Schlossplatz 1
06184 Kabelsketal
(OT Dieskau)
Tel. (03 45) 6 83 06 83
www.schloss-dieskau.de
Di–So ab 11 Uhr
Schlossführungen:
Sa/So 14 und 16 Uhr
„Dieskauer Musiksommer"
in der Kirche (Juni–Sep.)
Freilichtkino im Schlosshof

Barocke Dorfkirche in Burgliebenau

Start
Leipzig Hbf.

Radtour
Innenstadt – Clara-
Zetkin-Park – Auen-
wald – Markkleeberg –
Cospudener See (und
zurück)

Länge
32 km hin & zurück
(inkl. Seeumrundung)

Rückfahrt alternativ
Station Markkleeberg-
Großstädteln
S4 alle 30 Min., S2
alle 60 Min. (außer
Wochenende) nach
Leipzig Hbf.

via Tipp **Restaurant
Glashaus**
Direkt im Clara-Zetkin-
Park. Leicht trendig,
lockerer Umgangston, be-
liebt bei jungen Familien
und Studenten. Großer
Biergarten, deutsches und
mediterranes Angebot,
ambitioniert gekocht,
dennoch eher preiswert.
Karl-Tauchnitz-Straße 26
04107 Leipzig
Tel. (03 41) 14 99 00 04
www.glashausim
clarapark.de
Tgl. ab 9 Uhr

Cospudener See

An der Costa Cospuda

**Sachsens längster Sandstrand ist das heu-
tige Ziel einer Tour, die von der Innenstadt
überraschend schnell in den ersten Park und
danach nur noch durch Grün bis nach Neuseenland führt. Hier empfängt uns ein Flair à
la Mecklenburg.**

Ortskundige Leipziger können diese Tour natürlich auch überall sonst in der City beginnen. Wir
wählen praktischerweise den **Hauptbahnhof** und
radeln über den Willy-Brandt-Platz in die Ritterstraße. Die beginnt gleich hinter der Grünanlage
vor der Osthalle und bringt uns zum **Nikolaikirch-
platz**.

Rechts vor der Nikolaikirche biegen wir in das
Schuhmachergässchen ein, das uns mit einem
leichten Rechtsschwenk über das Salzgässchen
zum **Markt** bringt. Hier thront das **Alte Rathaus**,
ein ebenso raumgreifender wie graziler Renaissancebau aus dem 14. Jahrhundert. Er zählt zu
den deutschen Vorzeigestücken dieser Stilepoche.
Heute beherbergt es Teile des **Stadtmuseums**.
Auf seiner Rückseite, am Naschmarkt, strahlt die
barocke **Alte Handelsbörse**, das erste Versamm-
lungshaus der Leipziger Kaufmannschaft. Eine
Prunktreppe führt in ihr Inneres. Sehenswert ist
am Nordende des Marktes auch die **Alte Waage**
von 1555. In ihr mussten dereinst alle Messegüter
gewogen und verzollt werden.

Am Markt orientieren wir uns südwärts Richtung **Thomaskirche**. Über den pittoresken Tho-
maskirchhof rollen wir vor bis zur Burgstraße
und auf dieser links zum Burgplatz. Hier halten
wir uns halbrechts und erreichen so jenseits des
breiten Dittrichrings die radlerfreundliche Grünanlage vis-à-vis des Neuen Rathauses. An deren
Ende müssen wir nur noch über die Friedrich-
Ebert-Straße, schon tauchen wir ins Grün des
Johannaparks. Auf den Wiesen rund um den
Teich mit seiner Fontäne und den possierlichen
hölzernen Brücken herrscht wie meist Picknick-
stimmung.

Wir durchfahren den Park rechts des Teiches. An der dicht frequentierten Edvard-Grieg-Allee nutzen wir die Mittelinsel, um sicher in den hinteren Parkteil zu gelangen. Links lassen wir zwei Hügel – die Kleine und die Großen Warze – liegen. Ein Wegweiser zeigt nun schon den Cospudener See an. Er zwingt uns nach links, also weg vom Hauptweg, hin zur Anton-Bruckner-Allee, die Hauptachse des **Clara-Zetkin-Parks**. So nennt sich die 125 Hektar große Grünanlage am Rande der Leipziger City, die 1955 durch Zusammenlegen mehrerer historischer Parks entstand. Auch der Palmengarten, der Volkspark Scheibenholz und der Albertpark gehören dazu. Mit mehreren Teichen und Wasserbecken, großzügigen Brücken, Spielplätzen, Musikpavillon und Freilichtbühne, einer Skaterbahn und der populären Gaststätte „Glashaus" ist der Clara-Park, wie man ihn heute meist nennt, Leipzigs wohl beliebtester Erholungspark.

An der breiten Sachsenbrücke widerstehen wir der Versuchung, sie zu queren, sondern radeln parallel des Elsterflutbettes bis zum Schleußiger Weg. Ein paar Meter nach rechts finden wir eine Fußgängerampel, die uns über die Schnellstraße bringt. Weiter geht es nun geradeaus rechts der **Pleiße** entlang. Nach dem Wehr wechseln wir die Uferseite. Wir rollen nun auf der

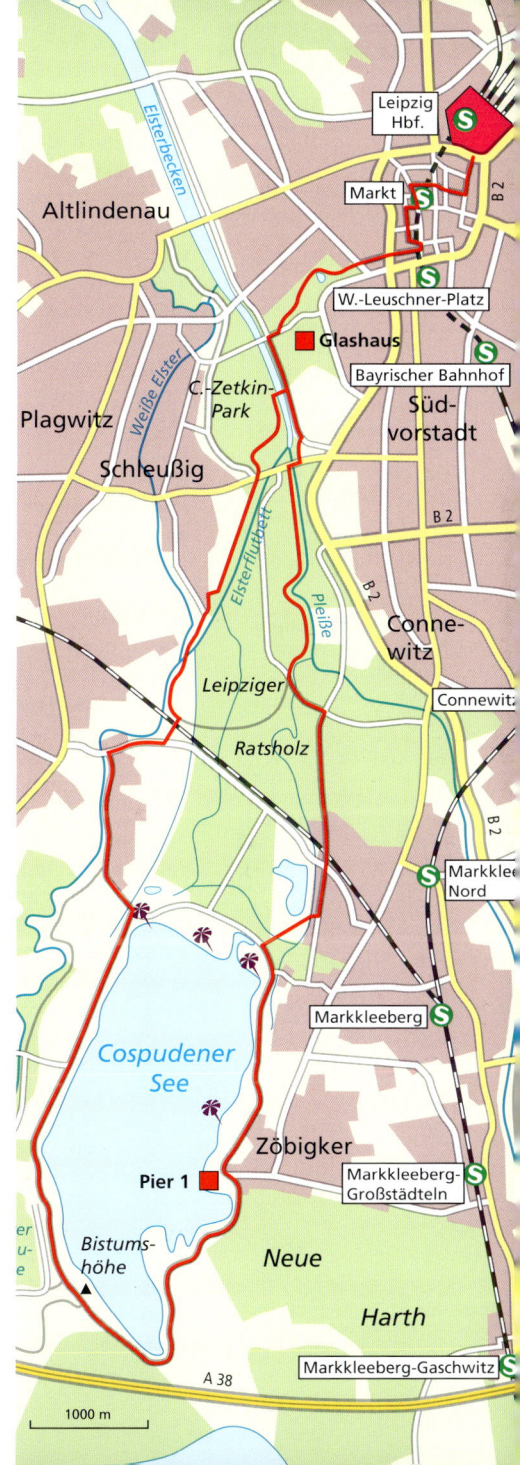

via Tipp

Pier 1 am Cospudener See

Segeln, Paddeln, Rudern, Surfen – das Wassersportzentrum am Pier 1 bietet viele Aktivitäten rund ums nasse Element.
Infos rund um den Cospudener See:
Hafenstr. 23
04416 Markkleeberg
Tel. (03 41) 35 65 10
www.leipzigseen.de

Restaurant
Seeterrasse Cospuden
Innenraum mit hellem mediterranem Ambiente, gemütlichen Holzstühlen und großem Pizzaofen. Auch in der kühleren Jahreszeit wunderschöne Atmosphäre.
Hafenstr. 23
04416 Markkleeberg
Tel. (03 41) 3 54 26 83
www.solemio-seeterrasse.de
Tgl. 10-23 Uhr

Café Kandler am Pier 1
Seeterrasse, Innenraum in skandinavischem Stil, Leckeres aus der eigenen Konditorei – der Betreiber führt auch das Teehaus an der Leipziger Thomaskirche, daher auch Bachtaler als Mitbringsel oder -nehmsel.
Hafenstr. 23
04416 Markkleeberg
Tel. (03 41) 3 50 24 69
Mo–Fr ab 11, Sa/So ab 10 Uhr

Neuen Linie durch dichten **Auenwald**. Die Luft riecht nach Bärlauch. Wo sich der Wald lichtet, geht es weiter geradeaus durch den Equipagenweg im Markkleeberger Wolfswinkel bis zu einem stillgelegten Bahngleis. Das überqueren wir ebenso wie wenig später an einer Fußgängerampel den Ziegeleiweg. Nach dem Floßgraben müssen wir nur noch links abbiegen und am Waldbad Lauer vorbei geradeaus strampeln, dann haben wir die **Costa Cospuda** erreicht – Sachsens längsten Sandstrand.

Der **Cospudener See** ist derzeit das Vorzeigestück des schnell wachsenden **Neuseenlandes** im Süden Leipzigs. Wenig erinnert an dem 4,4 Quadratkilometer großen, glasklaren Gewässer noch an dessen gar nicht so alte Vergangenheit als Großtagebau. In seinem Namen überlebte übrigens ein Dorf, das erst 1974 der Braunkohle geopfert wurde. Am **Wassersportzentrum Pier1** am Ostufer des Sees, dem Zöbigker Winkel, entstanden drei skandinavisch anmutende große Hafenhäuser für Bootsschulen, Gastronomie, Verkaufsshops, Wassersportservice und eine Sauna mit Seezugang. Auch ein Fahrgastschiff legt hier an. Fast zwangsläufig umfängt einen auf den luftigen Stegen ein Feeling à la Mecklenburg.

Längst lässt sich der See auf einer knapp 11 Kilometer langen piekfeinen Asphaltpiste umrunden. Anschlusswege führen von hier zum Funpark Belantis, zum Elsterstausee, zum Kulkwitzer See, zum Südlichen Auenwald und zum **agra-Park**. Die Seerunde möge sich jeder ganz nach Gustos einteilen. Man kann am Ufer dösen, mit oder ohne baden, am Westufer die geschützte Natur genießen oder die 180 Stufen zum Aussichtsturm auf der künstlich aufgeschütteten **Bistumshöhe** am Südufer erklimmen. Von hier lässt sich Leipzigs Skyline in ihrer ganzen Pracht studieren.

Auch für die Rücktour bieten sich mehrere Möglichkeiten an. Die bequemere führt über den S-Bahnhof Markkleeberg-Großstädteln. Den erreicht man von der Pier1 zügig über die Zöbigker Straße. Die Strecke führt immer an der Harth entlang. Oder man nimmt es sportlicher und radelt auch retour, nun auf einer alternativen Route. Die führt über den Nordstrand mit seiner ebenfalls künstlich geformten Dünenformation und einer

Ein schöner Radweg führt
um den Cospudener See

langen Holzplankenpromenade in einen kleinen
Landschaftspark. Eine Ausstellung plaudert hier
über die Bergbaugeschichte und den Wandel im
Südraum Leipzig.

Wir radeln längs einer 1,5 Kilometer langen
Erlebnisachse bis zum asphaltierten Lauerschen
Weg. In den biegen wir links ein, nehmen dann
geradeaus die Strecke durch die Schrebersparte
„Am Badeweg" und halten uns an der Brücken-
straße rechts bis zur Fußgängerampel. Nach der
Straße geht es wieder über das tote Gleis, danach
links zum Teilungswehr. Wo sich der Weg gabelt,
wählen wir den linken Arm zur Flussmeisterei. So
gelangen wir zur Brücke über das Elsterflutbett,
an dessen linkem Ufer wir dann nordwärts zurück
nach Leipzig rollen. Anfangs führt die Strecke ein
Stück durch eine weitere Gartenanlage. Schließlich
gelangen wir wieder zum Schleußiger Weg, den
wir geradeaus queren und so erneut im Auenwald verschwinden. An der Wegspinne „Die Nonne" biegen wir rechts Richtung Scheibenholz ab.
Nach der Brücke an der Pferderennbahn erreichen
wir den Clara-Zetkin-Park, von wo wir über die
Bruckner-Allee und den Johannapark gen Innenstadt rollen.

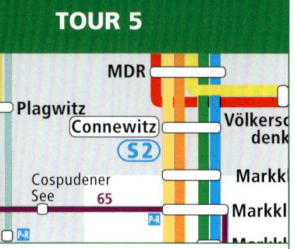

Start
Haltestelle Wildpark
Tram 9 alle 10–15 Min.
ab Leipzig Hbf.

**Rad- oder
Wandertour**
Wildpark Connewitz –
Markkleeberg –
agra-Park – Markkle-
berger See

Länge
8 km

Rückfahrt
Haltestelle Markkle-
berg-Ost, Schillerplatz
Tram 11 alle 15–20
Min. nach Leipzig Hbf.

Karte ▶ Seite 28

**Wildpark
Leipzig-Connewitz**
42 ha großes Tiergelände
mitten im Auenwald, 30
Tierarten mit ca. 250 Tieren, mehrere Gaststätten.
Koburger Straße 125
04277 Leipzig
Tel. (03 41) 3 03 35 12
www.wildparkverein-
leipzig.de
16. März–30. Okt. 9–19,
1. Nov.–15. März 9–17 Uhr
Eintritt kostenlos.

Markkleeberg

Ein Hauch von Versailles

**In Markkleeberg liegen Natur und Hoch-
kultur, zauberhafte Architektur und blutige
Geschichte dicht beieinander. Zum Schluss
dieser kurzen, aber intensiven Tour wartet
noch ein Törn mit einem Boot, das über eine
Schleuse bis zum benachbarten Störmthaler
See schippert.**

Der **Wildpark** ist praktisch Leipzigs zweiter Zoo.
Anders als die exotische Menagerie am Rosental
widmet er sich jedoch der heimischen Fauna.
Und zwar auch jener, die wir im Laufe der Jahrhunderte weitgehend vertrieben, gar ausgerottet
haben. So können wir beim Bummel zwischen
den großzügig bemessenen Gehegen unter den
30 Tierarten auch Wisente beim Wiederkäuen
beobachten, Elche durch den Tann stolzieren oder
Luchse ihre Pfoten lecken sehen. Und das alles
kostenlos!

Der gut hundert Fußballfelder große Wildpark
bettet sich derart natürlich in den südlichen Auenwald, dass man zuweilen nicht mehr die Gitter
wahrnimmt. Angelegt wurde er peu à peu ab dem
Jahre 1904: Damals bekam die Stadt Leipzig vom
Mühlenbesitzer Jacob aus Connewitz vier Stück
Damwild geschenkt, für die man nun im Revier-
ort „Stempel" ein Gatter baute. Dutzende weitere
Gehege, Käfige und Volieren kamen hinzu, ebenso zwei kleine Gewässer: der Hakenteich an der
heutigen Wildpark-Gaststätte und der Froschteich
nahe des Südeingangs des Wildparks.

Haben wir uns sattgesehen an den Tieren –
oder diese Dank der Futterautomaten im Terrain
satt gefüttert –, halten wir uns südwärts auf be-
sagten Froschteich zu. Bevor es weitergeht, kann
man hier in einem märchenhaft anmutenden
blockhölzernen **Teehaus** noch etwas Wärmendes
oder Kühlendes zu sich nehmen. Dann geht es auf
einem ausgeschilderten Wanderweg (blauer Balken auf weißem Quadrat) durch das **Connewitzer
Holz** in Richtung Markkleeberg. Halten wir uns
auf dieser Route auch an der „Gautzscher Spitze"

Der agra-Park in Markkleeberg

Westphalsches Haus
Weinumrankte Villa von
1925 für Kulturveran-
staltungen, Kunstaus-
stellungen, klassische
Konzerte. Führungen nach
Vereinbarung.
Dölitzer Str. 12
04416 Markkleeberg
Tel. (03 41) 3 91 11 17
Di/Do 10–17, Mi 10–16 Uhr

nach links, stoßen wir auf die Koburger Straße.
Hier noch ein paar Meter nach rechts und wir er-
reichen das prachtvolle **Forsthaus Raschwitz**. Eine
Einkehr lohnt immer, und sei es auf ein Radler im
Biergarten.

Über die Breitscheidstraße und (nach der Ei-
senbahnbrücke) die Dölitzer Straße dringen wir
dann langsam in die grünen Tiefen Markklee-
bergs vor. Einen Stopp wert ist hier das **West-
phalsche Haus**. Das versteckt sich etwas hinter
einer stolzen Mauer und wilden Weinranken, was
seinen Mythos indes nur verstärkt. Denn in dem
dreiflügeligen Landhaus verkehrt (Rand-)Leip-
zigs besseres Bildungsbürgertum. Man lauscht
Lesungen und anspruchsvollen Kammerkon-
zerten oder ehrt in gebührendem Rahmen große
Komponisten, die einst auch in Leipzig Spuren
hinterließen wie Frédéric Chopin und Johannes
Brahms.

Wir pilgern übrigens noch immer über be-
sagten blau-weiß markierten Wanderweg. Kurz
vor der Brücke in der Dölitzer Straße zweigt er
nach rechts ab und geleitet entlang der Pleiße
nach Süden. Wir folgen gern, denn schon wenig
später empfangen uns die Ausläufer des **agra-
Parks**. Die ausufernde Anlage ist nach der tradi-
tionsreichen Landwirtschaftsausstellung benannt,
die erstmals 1952 hier stattfand. Noch immer
lockt sie Fachbesucher aus nah und fern, wenn
auch nicht mehr annähernd so viele wie vor der
Wende.

Die Anfänge des Parks
reichen in das späte 19.
Jahrhundert zurück. Da-
mals ließ der Zeitungs-
verleger Paul Herfurth die
früheren Wiesen im eng-
lischen Parkstil aufpep-
pen. Den höchsten Punkt
nimmt das neoklassizis-
tische **Weiße Haus** ein,
1896/97 als prachtvoller
Wohntempel erbaut. Sein
Architekt Gustav Hempel
empfand es dem Lust-
schloss Petit Trianon im

Schlosspark von Versailles nach, so im Inneren mit einem imposanten vergoldeten Spiegelsaal. Auch die ganze Anlage rund um das Palais folgt klassizistischen Vorbildern. Den Teich etwa ziert ein halbrunder dorischer (griechischer) Tempel mit vier Frontsäulen. Drei Brücken führen von diesem Parkteil über die Pleiße und kurz darauf (unter der Hochpiste der B 2 hinweg) auf die Dölitzer Seite des ausgedehnten Anlagensystems. Wir bleiben weiter auf unserem markierten Weg, der unterhalb des Teiches nach Osten führt und dann eine Weile parallel zur B 2 südwärts. Vor der Reitanlage halten wir uns dann links und kommen so zur possierlichen **Auenkirche** sowie zum **Torhaus Markkleeberg**. Das bildet eines der östlichen Eingangstore in den Park und gehört zum Ensemble des ehemaligen Rittergutes Markkleeberg. Während der Völkerschlacht bei Leipzig 1813 lag es im Zentrum der erbitterten Kämpfe um den nahen Pleißeübergang. So beherbergt es heute ein Museum, das sich vor allem diesem Geschehen widmet. Höhepunkt der Ausstellung ist ein 20 Quadratmeter großes Diorama zur Schlacht bei Wachau am 16. Oktober 1813.

Wir laufen weiter südwärts und erreichen so über die Straße Am Torhaus und die Kirchstraße die Mönchereistraße. Hier biegen wir kurz rechts ein und (sofern uns noch nicht Durst und Hunger plagen) dann gleich wieder links in den Weg An der Koppel. Andernfalls sei ein Stück geradeaus die Einkehr im beliebten Radler- und Wanderertreff „Möncherei" angeraten.

An der Koppel grasen tatsächlich große weiße Kühe. Jenseits der Seenallee, die wir anschließend queren müssen, stoßen wir dann auf die Straße An der Stadtmühle. Hier haben wir praktisch den Uferweg am Markkleeberger See erreicht. An dem halten wir uns links. Kurz nach dem Strandbad beginnt bereits die neue Seepromenade. Am Strandcafé kann die Tour nun noch etwas maritim ausklingen. Denn hier verkehren mittlerweile regelmäßig Fahrgastschiffe vom Anlegesteg unterhalb des Lokals hinüber zum Kanupark sowie auch noch weiter durch die neue Schleuse zum Störmthaler See und zurück.

Weißes Haus
Neoklassizistisches Palais nach Versailler Vorbild, eigenes Standesamt, vergoldeter Spiegelsaal. Vermietung für feierliche Anlässe.
Im agra-Park
(Eingang Raschwitzer Straße)
Tel. (03 41) 3 53 00

Torhaus Markkleeberg
Teil des früheren Rittergutes Markkleeberg. Museum, großes Diorama zur Schlacht bei Wachau, Heimatstube mit angrenzender Rußküche. Maibaumaufstellen, Musik- und Kulturwochen, Torhausfest (Juni), Bier- und Erntedankfest, Weinfest.
Kirchstr. 40
Tel. (03 41) 3 38 57 76
www.torhaus-markkleeberg.de
Mo/Mi 10–15, Fr 10–14, So 14–17 Uhr

Personenschifffahrt Markkleeberger See & Störmthaler See
Seeblick 10
04416 Markkleeberg
Tel. (01 70) 9 99 09 02
www.personenschifffahrt-leipzig.de
Linienverkehr auf dem Markkleeberger See:
Mai–Okt. Di–So 11–16 Uhr, Tour durch die Kanalschleuse zum Störmthaler See und zurück: Sa–Do 10.30 und 14.30 Uhr

Start
Haltestelle Markklee-
berg-Ost, Schillerplatz
Tram 11 alle 15–20
Min. ab Leipzig Hbf.

**Rad- oder
Wandertour**
Markkleeberg – Gül-
dengossa – Störmthal –
(Dreiskau – Muckern –)
Oberholz – Großpösna

Länge
13 bzw. 20 km

Rückfahrt
Station Oberholz
MRB 113 stündlich
nach Leipzig Hbf.

Karte ▸ Seite 32

Markkleeberg-Information
Rathausplatz 1
Tel. (03 41) 3 53 32 14
www.markkleeberg.de
Mo/Mi 8–16, Di/Do 8–18,
Fr 8–12 Uhr

Markkleeberger See

Phönix in Vineta

**Es war einmal ein Tagebau, der nannte sich
Espenhain. Europas größte Abraumförder-
brücke ratterte hier. 56 Jahre wurde für die
Kohle das Erdreich umgepflügt. Das dazu-
gehörige Braunkohlekraftwerk verpestete
die Luft. Espenhain stand für Umweltfrevel
schlechthin. Bis 1993. Nur sechs Jahre später
schien alles vergessen.**

Seit ab Sommer 1999 Flutungswasser in die Gru-
be lief, ruhten plötzlich viele Hoffnungen auf ihr.
Das geschundene Land erhob sich wie Phönix aus
der Asche. Nur der Name des neuen Gewässers
solle nun besser **Markkleeberger See** lauten, ent-
schieden die Landschaftsplaner. Das klang nicht
nur unbelasteter – es machte auch Sinn. Zum
einen liegt die Parkstadt südlich Leipzigs tatsächlich näher an den neuen Stränden. Zum anderen
gehörte zum Riesentagebau Espenhain einst auch
jenes zweite Restloch, das sich nun **Störmthaler
See** nennt.

Zusammen bringen es beide Gewässer, seit sich
2011 auch im Störmthaler See die Flutung dem
Ende neigt, auf annähernd 1000 Hektar Wasser-
oberfläche. Der Markkleeberger See hatte bereits
2006 seinen avisierten Pegel von 113 Metern über
dem Meeresspiegel erreicht. Ein erkleckliches
Stück Wasser, das wir also heute umwandern
wollen. Dazu bringen uns die Wagen der Tram 11
zunächst nach Markkleeberg-Ost und unsere Füße
dann in wenigen Minuten über die Bornaische
Straße geradewegs zur Seepromenade. Hier halten
wir uns links, steigen am Strand-Café die Stufen
zum Unteren Uferweg hinab und laufen weiter am
Wasser entlang. Radler können den Oberen Uferweg benutzen. Hierher geleitet sie der gut ausgeschilderte Neuseenland-Radweg (blaues Symbol
mit grünem Punkt) vom S-Bahnhof Markkleeberg
ebenfalls in Windeseile.

Beide treffen sich anschließend – der obere
über den schnell wachsenden **Seepark Auenhain**,
der untere über das **Strandbad Auenhain** – am

ersten Highlight der Tour: Es ist der **Kanupark** mit seiner spektakulären Wildwasserstrecke. Hätte Leipzig den Zuschlag für Olympia 2012 erhalten, wären hier die weltbesten Slalomkanuten gestartet. So tummelt sich hier nun allerlei verwegenes Volk in den tosenden künstlichen Stromschnellen. Denn weder ängstlich noch wasserscheu darf man sein, wenn man im Schlauchboot die Strömung hinunterjagt. Auch die Surfer haben übrigens gleich nebenan ihren speziellen Strand.

Gemächlicher geht es dagegen eine Etage höher im originellen **Modellbaupark Auenhain** zu. Dahinter verbirgt sich eine überraschend vielfältige Miniaturwelt im Maßstab 1:8, auch als Großgartenbahn bekannt. Allein der Lokschuppen mit der Drehscheibe davor ist eine Augenweide. Wer mag, darf auch selbst einmal Platz nehmen und sich wie Gulliver im Zwergenland eine Runde durch die kleine Wunderwelt tuckern lassen. Dafür stehen Elektro- wie auch Dampfloks bereit. Letztere werden natürlich wie im Original mit Kohle befeuert. Wem das zu popelig ist, der wähle den aktiven Part des Modellbauparks. Denn hier kann man sich wie dereinst die Olsenbande in einem ihrer Streifen einmal ganz aus eigener Kraft auf einer Draisine abstrampeln.

Für Radler bestens erschlossen: Markkleeberger See

Kanupark Markkleeberg
Wildwasserkehre 1
Tel. (03 42 97) 14 12 91
www.kanupark-
markkleeberg.com
Rafting-Saison von Anfang
Mai bis Mitte Oktober
Mi 16–20, Fr 15–20,
Sa 10–19, So 10–18 Uhr

Modellbaupark Auenhain
Bornaer Chaussee 150
04416 Markkleeberg
Tel. (03 42 97) 98 97 11
Mi+Do 13–18, Fr–So/Fei
10–18 Uhr
In den Schulferien Sachsens Mi–So 10–18 Uhr
Eintritt (ab 3 J.) 3 €,
Sa/So/Fei Dampfbetrieb

Schloss Güldengossa
Café im Palmenhaus
Schulstr. 11
Tel. (03 42 97) 77 51 40
www.schloss-
gueldengossa.de
So 10–14 und 15–18 Uhr
Schlossführungen nach
Voranmeldung 7 €

Gasthof Störmthal
Rödgener Str. 8
Tel. (03 42 97) 4 25 61
Mo–Mi/Fr ab 17, Sa ab 16,
So ab 12 Uhr

**Schiffstour zur
Kirche Vineta**
(Störmthaler See)
Die schwimmende Kunst-
installation symbolisiert
die verlorene Kirche zu
Magdeborn. Sie ist genau
dort verankert, wo sich
einst die überbaggerte Gemeinde befand. Mit einer
Trauhöhe von 15 m gilt
sie als höchstes schwim-
mendes Bauwerk auf
einem deutschen See.

Fähre zu Vineta
Treffpunkt Dispatcherturm
Magdeborner Halbinsel
(am gegenüberliegenden
Seeufer von Störmthal, ca.
5 km, guter Radweg).
Tel. (Dispatcherturm)
(03 42 06) 20 99 06
www.vineta-stoermthal.de
ab 12./13. Apr. 2014
So/Fei 10–16 Uhr zu jeder
vollen Stunde
12 €, Kinder (7–14 J.) 8 €

Zum Störmthaler See ist es von Auenhain –
weiter auf dem Uferweg – nur ein Katzensprung.
Auf der Brücke über die Autobahn ist er schon
zum Greifen nah. Dass sein Wasserspiegel 4 Meter
höher als der des Markkleeberger Sees liegt, lässt
sich mit bloßem Auge kaum ausmachen. Für die
Paddler und Ruderer, für die 2013 ein 800 Meter
langer Kanal zwischen beiden Gewässern eröffnete,
ist dies aber schon von Belang. Damit entstand
auch eine Schleuse, die die Boote vom Markkleeberger See vor der Passage hebt bzw. senkt. Dank
einer Durchfahrtshöhe von knapp 10 Metern dürfen hier auch mittelgroße Segelboote übersetzen.

Einen kleinen Schlenker weg vom See lohnt
das restaurierte **Schloss Güldengossa**, das wir
wenig später erreichen. Gebettet in einen Park
im englischen Stil, lädt in dem früheren Herren-
haus eines Ritterguts das „Café im Palmenhaus"
zur Rast. Bereits 1285 nennen Chroniken Schloss
Güldengossa, um 1720 erhielt es sein heutiges
spätbarockes Antlitz. Nun dient es nach einigem
Dämmerschlaf als prachtvolle Szenerie für Kultur-
veranstaltungen, Feiern und Tagungen.

Über die Schulstraße rechts des Schlösschens
sowie an deren Ende rechts durch die Störmthaler
Straße gelangen wir wieder zum Uferweg. Die
Neunseenland-Radroute zweigt wenig später links
nach **Störmthal** ab, der Fußweg bleibt in Wasser-

nähe. Beide treffen sich aber wieder unweit des Gasthofes am Aussichtspunkt des Dorfes. Und zu sehen gibt es hier tatsächlich etwas – **Vineta** nämlich. So nennt sich eine irgendwie unwirkliche Kunstinstallation mitten im See – nämlich eine schwimmende Kirche mit einer stilisierten durchsichtigen Dachkuppel. Erst Ende 2010 war sie im Wasser vertäut worden, um so aller einst durch den Tagebau verschluckten Dörfer zu gedenken. Musikfreunde sollten indes auch die richtige Dorfkirche von Störmthal besuchen. Denn hier gibt es zuweilen auch etwas zu hören: eine Hildebrandtorgel. Sie gehört zu den wertvollsten ihrer Art in Sachsen.

Rafting am Markklee-
berger See

Restaurant „Seeperle"
im Seepark Auenhain
Am Feriendorf 2
Tel. (03 42 97) 9 86 88 88
Frühstück tgl. 8–10.30 Uhr,
warme Küche tgl. ab 11.30
Uhr, Restaurant Mo–Do/So
11.30–21, Fr/Sa 11.30–23
Uhr

Amphibientouren
Mit einem alten Ar-
meefahrzeug kann man
zu Lande und zu Wasser
durch die Seenlandschaft
touren.
Tickets über Krystallpalast
Varieté Leipzig
Magazingasse 4
Tel. (03 41) 14 06 60
Kassenzeiten: Mo–Sa
10–20 Uhr, So (außer Juli/
Aug.) 13–18 Uhr

Bald darauf führt der Uferweg indes vom Ufer weg. So hat man knapp einen halben Kilometer später an einer Kreuzung die Wahl: links auf dem Langen Weg Richtung Oberholz schwenken oder noch ein Stück weiter nach rechts wandern, wo an der Grunaer Bucht der See wieder auf Sichtweite heranrückt. Das Dörfchen Dreiskau-Muckern, das wir hier als nächstes erreichen, dankt dies denn auch mit einer sehenswerten Kirche sowie einem hübschen Rittergut samt kleinem Park.

Von der Kirche führt dann ein Weg nach **Kleinpötzschau**, von wo wir, wenn wir uns links orientieren, nach gut 3 Kilometern durch die Felder auch das **Oberholz** erreichen. Wir stoßen hier auf den Feldscheunenweg. Ebenso wie der Breite Weg, den wir nehmen, wenn wir nicht den Umweg über Dreiskau-Muckern wählen, erreicht er in nordöstlicher Richtung schließlich den breiten Butterweg – quasi die Hauptachse dieses Waldes. Sie führt schnurgerade nach links auf Großpösna zu, wo uns die Vorortbahn vom Bahnhof Oberholz zurück nach Leipzig bringt. Damit dies nicht zu schnell geschieht, versuchen unterwegs die großen Tafeln eines Naturlehrpfades sowie die kleineren Schilder eines „Pfades der Lieder" unser Interesse zu fesseln (▶ Tour 7).

Oberholz

Vogelgezwitscher und Wanderlieder

Das Oberholz ist der Ausflugsklassiker noch aus Zeiten, als die meisten Ostdeutschen kein Auto besaßen. Stadtnah, mit Bus und Bahn gut erreichbar und doch schon weit genug weg, dass man sich ein wenig wie im Urlaub fühlt.

Die meisten Wege im Oberholz scheinen am Reißbrett entworfen. So ergeben sie ein klar strukturiertes System, das zum beliebigen Kreuzen und Abzweigen, Einsteigen und Zurückkehren einlädt. Stundenlang kann man durch recht dichten Wald und auf zumeist sehr gut ausgebauten Wegen wandern, radeln oder seinen Hund ausführen. Zu jeder Jahreszeit bietet sich das Oberholz als ein beliebtes Ausflugsziel an.

Durch die Anbindung an die Bahnhöfe in Belgershain und Großpösna müssen Start- und Zielpunkt auch nicht identisch sein. Dass wir dennoch am Haltepunkt Oberholz aus- und auch wieder einsteigen, liegt an dem **Naturlehrpfad**, den wir uns heute vorgenommen haben. Denn den gibt es nur hier im fast 2000 Fußballfelder großen Oberholz. Auf Schautafeln links und rechts des Weges erfahren wir so viel Wissenswertes über die heimische Fauna und Flora, die Jagd und das Jagdhundewesen. Denn das Oberholz bildet nicht nur einen Rest ursprünglicher Natur zwischen Feldern, ehemaligen Tagebauflächen und Besiedlungsräumen – weil die meisten Besucher auch nie die Wege verlassen, finden hier auch kleinere Tiere und geschützte Pflanzen recht sichere Rückzugsnischen.

Wer sich auch geschichtlich interessiert, dem sei zudem die **Wallanlage Altes Schloss** am Schlossbergweg empfohlen. Der

Start und Ziel
Station Oberholz
MRB 113 stündlich ab
Leipzig Hbf.

Wanderung
Strecke führt über
den Naturlehrpfad im
Oberholz

Länge
7,5 km

Karte ▸ Seite 36

Pausenzeit im Oberholz

Botanischer Garten für Arznei- und Gewürz-pflanzen
Störmthaler Weg 2
04463 Großpösna
Tel. (03 42 97) 4 12 49
www.botanischer-garten-oberholz.de
Apr.–Okt. Mo–Do 8–12,
Mai–Sep. Mo–Fr 8–12,
Sa/So/Fei 10–16 Uhr

liegt gleich neben dem Haltepunkt Oberholz, wo unsere Rundtour mit Querverbindung beginnt. Der kleine Bahnhof steht übrigens unter der Obhut des Vereins der Freunde der Eisenbahn Großpösna, der mehrmals im Jahr Ausstellungen organisiert. Auf der Rudolf-Breitscheid-Straße geht es dann ostwärts vorbei an der Gaststätte „Büffeltränke" und nach dem Spielplatz rechts auf den Langen Weg. Bald hinter den Bahngleisen stoßen wir auf einen Gedenkstein. Er erinnert daran, dass Sachsenherzog Moritz diesen Wald anno 1544 der Universität zu Leipzig übereignete.

Schautafeln begleiten uns hier. Schließlich biegen wir rechts auf den Saulöcherweg ein. Auf diesem wandern wir bis zur Schutzhütte. Wer mag, packe bereits seine Pausen(butter)brote aus. Denn von hier geht es dann rechts auf den **Butterweg**. An der übernächsten Wegkreuzung biegt der Sandgrubenweg ein. Er bildet eine Querverbindung des Naturlehrpfades. Über diesen erreichen wir nach wenigen Metern das Waldaktionszentrum. Wer noch nicht gevespert hat, kann es jetzt tun.

Im Oberholz

Weiter geht es dann erneut über den Butter-weg. Nun müssen wir ein langes Stück wieder geradeaus. Die Tafeln, die hier den Weg eskortie-ren, widmen sich speziell der gefiederten Fauna. Jenseits des kreuzenden Mühlweges geht der But-terweg in den Störmthaler Weg über. Nach einem **Hirschgehege** auf der linken Seite erreichen wir wieder die Siedlung. Am Ende des Störmthaler Weges, kurz vor den Bahngleisen, lohnt links noch eine Visite im **Botanischen Garten** für Arz-nei- und Gewürzpflanzen. Er vereinigt Tausende Heilkräuter aus aller Welt und lohnt immer einen Besuch. Ende Oktober taucht er allerdings in den Winterschlaf ab.

Wer aufmerksam ist, trifft übrigens unterwegs noch weitere Schilder an eigens aufgestellten Pfählen. Sie markieren ein sympathisches Uni-kum: einen **Pfad der Lieder**. Er will die Ausflügler an altes und teilweise fast schon vergessenes (Wander-)Liedgut erinnern und auch zum Selbst-singen animieren. Der Männerchor Großpösna hat hierzu auf Brettern Noten und Texte angenagelt und erzählt auch ein wenig von der Entstehung der Lieder sowie deren Schöpfern.

Gaststätte Büffeltränke
Beliebtes Ausflugslokal mit bodenständiger re-gionaler Küche, schöner Abenteuerspielplatz.
Rudolf-Breitscheid-Str. 37
04463 Großpösna
Tel. (03 42 97) 1 56 93
Di–Sa 12–20 Uhr,
So/Fei 11–20 Uhr

Start
Haltestelle Stannebein-
platz
Tram 1 alle 10–15 Min.
ab Leipzig Hbf.

Wanderung
Schönefeld – Abt-
naundorf – Thekla –
Portitz – Plaußig –
Seegeritz – Taucha

Länge
13 km

Rückfahrt
Tram 3 ab Endhalte-
stelle Taucha alle 30
Min. nach Leipzig Hbf.
oder ab Bahnhof
Taucha S 4 oder RE 10
alle 30 Min. nach Leip-
zig Hbf.

Karte ▶ Seite 41

Parthenaue

Partie entlang der Parthe

Die Parthe ist der kleinste der Leipziger Flüsse. Sie entspringt bei Bad Lausick und schlängelt sich dann durch eine Reihe nördlicher Vororte der Messestadt. An ihren Ufern liegt einer der schönsten Leipziger Wanderwege.

Als Startpunkt wählen wir den **Stannebeinplatz** in Schönefeld. So können wir uns weitgehend an den grün markierten **Parthewanderweg** halten. Nach wenigen Metern schon nimmt uns an der Rohrteichstraße der großzügige **Mariannenpark** auf. Roteichen säumen den Hauptweg bis zum Rondell. Die Parthe ist hier noch weitgehend unsichtbar für uns. Schilder geleiten uns am Rodelberg vorbei zum nördlichen Parkende an der Schönefelder Allee. Wenn wir uns links halten, kommen wir zum **Schönefelder Schloss** und staunen, wie sich das einstige Aschenputtel herausgeputzt hat. Nun wird auch wieder seine prächtige Architektur sichtbar, die es bereits 1876 erhielt. Damals lebte hier eine Baronesse, die es später in eine Stiftung einbrachte. Nun beherbergt es eine Lernbehindertenschule. Was haben deren Kinder doch nun für ein traumhaftes Spielparadies mit Schilfteich, Wiesen und alten Bäumen!

Wir biegen links in die Volbedingstraße, um gleich wieder rechts den Weg an der Parthe zu nehmen. Der Weg führt durch alte Gärten, passiert die sächsische Fußballschule mit der größten Kunstrasenhalle Deutschlands und führt geradewegs in den **Abtnaundorfer Park**. Der ist schon 250 Jahre alt, was ihm sichtbar Würde verleiht. Schön gruppiert sich die Anlage um einen Ententeich, der im Frühjahr voller Kaulquappen ist. Einst gehörte er der berühmten Leipziger Kaufmannsfamilie Frege. Für jedermann zugänglich wurde er erst nach dem Krieg. Im nobel sanierten Schlossareal, wo man Fremde nach wie vor nicht so gern sieht, entstand in den letzten Jahren eine gehobene Wohnanlage.

Der Uferweg stößt am Ende des Parks auf die

Am Bagger in Thekla

Straße An der Parthe. Wir gehen hier ein Stück rechts und dann bald links in die **Reiterallee**. Deren Name erschließt sich schneller durch die Nase als die Augen. Denn Pferdeduft liegt ringsum in der Luft. Im Abtnaundorfer Gut ist heute wieder ein Reiterhof beheimatet. Auch ringsum weiden Rösslein auf ausgedehnten Koppeln.

Eine frische Asphaltpiste bringt uns nach **Thekla** zum **Bagger**, der offiziell **Naturbad Nordost** heißt. Schon ab 1961 mauserte sich die frühere Kiesgrube zu einem beliebten Ausflugsziel – und sie blieb es bis heute. Längst wuchs sich auch der einst spärliche Bewuchs zu üppiger Vegetation aus. Der grüne Parthewanderweg geleitet uns direkt am See entlang. Hinter der Sauna erreichen wir die Endstelle der Tramlinie 9. Hier müssen wir über die Tauchaer Straße und dann ein Stück nach links, bis wir wieder die Parthe neben uns wissen. Nach der Brücke weist uns eine Treppe abwärts nach rechts und ein schmaler Wiesenweg dann wieder für längere Zeit am Wasser entlang. Die Parthe holt hier zu einem großen Bogen durch Schrebergärten aus. Eine große Wiese taucht linker Hand auf, die wir auf einer etwas zugewucherten Fährte durchlaufen. So kommen wir zur Waldemar-Götze-Straße. Der folgen wir, bis uns

eine Schlippe nach links zur Straße Am Keulen-
berg bringt. Wo diese auf die Darwinstraße trifft,
biegen wir rechts durch die Wiesen erneut zur
Parthe ab.

Kurz darauf donnert die A 14 über uns hinweg. In **Plaußig** halten wir uns Richtung Kirche
und gehen, obwohl die Parthe nach rechts weiter-
fließt, zunächst ein Stück nach links. So gelangen
wir, vorbei am Pfarrhaus, zum Rittergut. Das ist
mittlerweile schön saniert, sogar eine Pension hat
sich einquartiert. Doch über das bucklige Pflaster
im Hof könnte schon Napoleon gestolpert sein. In
der früheren Dorfschule betreibt der Zweckverband Parthenaue eine kleine **Naturschutzstation**.
Sie sorgt sich um Landschaftspflege, Bildungs-
projekte und Biotopschutz – so etwa am Rüdgen-
graben, den wir schließlich auf dem Weg nach
Seegeritz, also wieder in östlicher Richtung, kurz
hinterm Dorfteich queren.

Die Etappe auf dem Hasensteig nach Seegeritz
ist vielleicht die reizvollste der Touren, denn sie
bietet alles, was zu einer guten Wanderung gehört: rechts pralle Wiesen, durch die sich die Parthe schlängelt und dahinter das **Plaußiger Wäldchen**. Links Äcker und Feldgehölzreihen, die sich
auf einen Endmoränenhügel zubewegen, den die
letzte Eiszeit zurückließ. In **Seegeritz** müssen wir
uns rechts halten, also wieder auf die Parthe zu.
Zwei, drei Minuten geht es dann auf der Dorfstraße entlang, ehe wir hinter den Leitplanken links
zur Hölle fahren. Keine Angst, das ist nur ein
kleines Holz, an dessen Rand allenfalls mal geg-
nerische Fußballmannschaften in die grüne Hölle
geraten. Denn hier hat auch die Elf von Seegeritz
ihren Sportplatz.

Wo sich der Weg gabelt, müssen wir nach
rechts und an der nächsten Gabelung dann links.
Mit letzter Puste geht es nun zum früheren Weinberg „Am Schanz" hoch. Hoffen wir, dass die
Tauchaer Mandan-Indianer, die hier oben ihr Ver-
einsgelände haben, nicht gerade auf dem Kriegs-
pfad sind. Zuweilen lässt sich die Gruppe, die ihre
Leidenschaft ganz in Familie auslebt, auch mal in
ihre Tipis schauen. Andernfalls führt gleich neben
dem Eingang zu ihrem Terrain rechts ein schmaler Weg vorbei. Wo das Wäldchen endet, leitet

Zweckverband Parthenaue
Hier erfährt man alles
über die Parthenaue. An-
geschlossen ist auch eine
kleine lehrreiche Natur-
schutzstation.
Plaußiger Dorfstr. 23
04349 Leipzig
Tel. (03 42 98) 6 86 65
www.zv-parthenaue.de
Mo–Do 7–16, Fr 7–14 Uhr

Gutsladen Fairkost Taucha
Breites regionales Ange-
bot aus kontrolliert biolo-
gischem Anbau.
Poststr. 1
04425 Taucha
Tel. (03 42 98) 6 66 51
www.die-biofamilie.de
Mo–Fr 9–19, Sa 9–13 Uhr

Klosterschankhaus Taucha
Das Restaurant ist ein
Kunstwerk für sich, mit
Kerzenlichtatmosphäre
und offenem Kamin sowie
Malereien und Grafiken
von Gastwirt Rüdiger
Bartels. Es werden unver-
fälschte Klosterrezepte der
letzten 1000 Jahre serviert.
Lindnerstr. 28
04425 Taucha
Tel. (03 42 98) 1 33 73
www.klosterschankhaus.de
Di–Sa 18–24 Uhr

uns ein asphaltierter Weg nach **Graßdorf**. Wenn wir links auf die Dorfstraße biegen, kommen wir zum Gut des Dörfchens, das heute zu Taucha gehört. Das Gut jedoch gehört der Stadt Leipzig – und das schon seit 1575. Damals sicherte man so die Ernährung der Einwohner, heute ist es eins der vier ökologischen Stadtgüter Leipzigs.

Die Graßdorfer Dorfstraße führt im weiteren Verlauf über die Parthe. Wir biegen aber schon vor der Brücke rechts auf einen Wiesenweg, der uns entlang von Pferdekoppeln nach **Taucha** bringt. Zuvor müssen wir noch unter der Bahnlinie durch, dann geht es an Gärten vorbei und auch unter der B 87 durch. Über die Kirchstraße kommen wir so in die **Tauchaer Altstadt**, wo wir uns am Kirchplatz rechts in die Schlossstraße orientieren. Das Schloss ist indes nicht sonderlich vorzeigbar. Lieber verweilen wir am hübschen Teich im Stadtpark, den wir erreichen, wenn wir von der Schlossstraße rechts in die Leipziger Straße schwenken. Hier sehen wir dann auch schon jenseits der Ampelkreuzung die Endstelle der Straßenbahn.

Norden

Idylle am Schladitzer See
▸ Seite 44

Eine runde Vier-Seen-Tour

Nicht nur der Leipziger Südraum wandelt sich zur grünen Wasserlandschaft. Auch nördlich lässt es sich in neue maritime und naturnahe Refugien radeln. Da die Flutung hier teilweise noch im Gange ist, ergeben sich ganz andere Perspektiven.

Start
Station Wahren
S3 alle 30 Min. ab
Leipzig Hbf.

Radtour
Leipzig-Wahren –
Hayna – Schladitzer
See – Zwochauer See –
Grabschützer See –
Werbeliner See –
Schladitzer Bucht –
Rackwitz

Länge
30 km

Rückfahrt
Station Rackwitz
S2 oder RB 54/57 mind.
stündlich nach Leipzig
Hbf.

Karte ▶ Seite 47

Diese Tour startet in **Leipzig-Wahren** und von der Unterführung aus radelt man auf der Pater-Gordian-Straße kurz nach rechts, bis links die Tannwaldstraße nach **Lindenthal** abzweigt. Ihr folge man auch dann, wenn sie ab der nächsten Kreuzung zur Lindenthaler Hauptstraße wird und schließlich am Ökobad einen Rechtsknick erfährt. Wenig später erreichen wir so den Apelstein 14, an dem uns die Straße An der Hufschmiede nach links flott zur Ampel an der vierspurigen Louise-Otto-Peters-Allee bringt. Jenseits der Kreuzung beginnt dann ein schön asphaltierter Radweg nordwärts in Richtung Radefeld, der auch die Autobahn 14 radfahrerfreundlich quert.

Bereits 2 Kilometer weiter ist das Dörfchen **Hayna** erreicht und damit auch das erste lohnende Ziel am Wasser. Denn am 220 Hektar großen **Schladitzer See**, zu dessen Südwestufer ein Asphaltband nach rechts führt, lebt der halbe Ort an sonnigen Wochenenden eine ungewöhnliche Passion aus: Man taucht authentisch kostümiert ins frühe 19. Jahrhundert ab. Wegweiser geleiten denn unfehlbar zum **Biedermeierstrand** – mit kleinen authentischen Häuschen, einer Theaterbühne, einem historischen Badekarren und einer wunderschönen alten Kahnschaukel.

Der Schladitzer See lässt sich auf gutem Grund komplett umrunden. Eine richtig runde Sache wird die Tour freilich erst, wenn sie den Bogen auch um die drei sich nördlich anschließenden Neu-Seen spannt: den Werbeliner See, den Grabschützer See und den Zwochauer See. Wer sich dieser Vier-Seen-Tour nicht verschließt, rolle ab dem Biedermeierstrand knapp 2 Kilometer nordwärts, um dann kurz vor **Wolteritz** den Tafeln zum linkerhand liegenden Werbeliner See zu folgen. Alternativ kann man auch auf halber Strecke rechts in die aufgeforstete Schaafshöhe abzweigen, um dann über die Wolteritzer Dorfstraße ebenso hierher zu gelangen.

Unmittelbar am Südzipfel des Werbeliner Sees halten wir uns aber zunächst links und radeln auf den gut 4 Kilometer entfernten **Zwochauer See** zu. Die Strecke führt im leichten Zickzack über teils noch unbefestigte aber baumflankierte Feldwege. Unterwegs verlockt Technikinteressierte ein Schild zu einem Abstecher nach links: Dort lässt sich ein riesiges Schaufelrad bewundern, wie sie einst hier tätig waren, um letztlich auch diese neue Wasserlandschaft zu modellieren.

Dann geht es zurück und wieder auf den Weg Richtung Zwochau. Bereits 1 Kilometer vor dem Dorf biegen wir aber rechts zum gleichnamigen See ab. In etwa 400 Metern ist das kleine Gewässer, das sich derzeit noch durch Grundwasseraufgang füllt, erreicht. Künftig soll hier ein Badestrand entstehen, vorerst tummeln sich im langsam steigenden Nass nur Aale, Barsche, Hechte und Karpfen.

Der Weg am Südufer führt zügig zum **Grabschützer See**, der sich nahtlos anschließt. Auch dieses Tagebaurestloch befindet sich noch in Flutung. Seine unmittelbaren Randzonen sind daher tabu für Ausflügler – einerseits, weil sich der verkippte Boden weiter setzen soll und andererseits, weil hier die Natur einigen Vorrang genießt. Dafür können Radler nun aber auf einem knapp 7 Kilometer langen Schotterrundweg fast mit Händen greifen, wie sich hier Fauna und Flora neue Reviere erschließen. Ein **Naturlehrpfad** informiert an 17 Stationen über Landschaftsgeschichte, Geologie, Ökologie sowie die Tier- und Pflanzenwelt in diesem zerklüfteten Biotop, das als europäisches Vogelschutzgebiet klassifiziert ist.

Blick auf die Schladitzer Bucht

Schaufelrad des Baggers SRs 6300
Das technische Denkmal zwischen Zwochau und Gerbisdorf, südlich des Werbeliner Sees auf einem Feld gelegen, lohnt einen Umweg. Es arbeitete einst im Tagebau Breitenfeld an einem Braunkohlebagger. Mit 180 t Gewicht und 17 m Höhe ist es weltweit eines der größten seiner Art.

All-on-Sea
Freizeit und Wassersport-
center. Hier gibt es alles
aus einer Hand, von viel-
fältigen Aktivangeboten
rund um das Wasser über
Gastronomie bis zu Beher-
bergungsmöglichkeiten.
Schladitzer Bucht
Tel. (03 42 94) 85 86 87
www.all-on-sea.de

Landgasthof Podelwitz
Beste sächsische Koch-
kunst. Wirt Winfried Wilke
und sein Team servieren
an urigen Tischen in einer
alten Gaststube, in einem
früheren Gewächshaus
oder im lauschigen Bier-
garten. Das Essen stammt
oft aus eigener Agrar-
produktion. Reservieren
empfohlen.
Wiederitzscher Str. 10-14
04519 Rackwitz
(OT Podelwitz)
Tel. (03 42 94) 82 40
Mi–Fr 16–23, Sa 11–24,
So/Fei 11–23 Uhr

Auf etwa 3 Kilometern verläuft der Grab-schützer See parallel zum sich östlich von ihm erstreckenden **Werbeliner See**. Mit 450 Hektar Fläche ist dieser das deutlich größte Gewässer zwischen Leipzig und Delitzsch. Auch der Werbeliner See, dessen Flutung abgeschlossen ist, gilt weitgehend als geschütztes Vogelrefugium. So wirkt er ebenfalls noch recht urwüchsig. Dennoch sind die Wege auf der Ostseite bereits so glatt geteert, dass sich darauf selbst Inlineskater wohlfühlen. Zugleich lassen sich am noch weitgehend unverbauten Ufer wildromantische Sonnenuntergänge erleben – etwa von der hochgelegenen Halbinsel Brodauer Zinken im Nordosten oder unweit des Gedenksteins für das weggebaggerte Dorf Werbelin, dessen Namen der See entlehnte. Der Weg dorthin führt vom Grabschützer See auf zwei alternativen Radstrecken über die Nordspitze des Werbeliner Sees und dann weiter stets entlang des Ufers südwärts. Von Nord bis Süd misst der Werbeliner See rund 5,5 Kilometer. Es ist das längste Teilstück dieser wenig anstrengenden Tour.

Zurück in Wolteritz lädt am östlichen Dorfrand ein Badestrand zur Abkühlung ein. Wer es aber noch aushalten kann mit dem Sprung ins Wasser, sollte bis zur **Schladitzer Bucht** weiterstrampeln. Hier eröffnet sich nämlich fast schon mediterranes Flair. Weißer Strandsand trifft auf tiefblaues Wasser und beides zusammen auf fast alles, was das Wassersportlerherz erfreut: Schwimmen, Rudern, Segeln, Surfen, Tauchen, Beachvolleyball... Junge Leipziger Sportlehrer bieten in ihrer Wassersportschule zudem Kurse für Jung und Alt, Anfänger und Fortgeschrittene an. Der etwas höher auf einem Findlingshügel gelegene Imbiss öffnet zugleich den Blick auf das ganze neu ergrünte Seengebiet.

Zurück geht es über den knapp 3 Kilometer entfernten Bahnhof **Rackwitz**. Der Radweg dorthin beginnt am Parkplatz und führt entlang der Haynaer Straße und später jenseits der nächsten Kreuzung parallel zur Güntheritzer Straße. Falls der Zug noch warten kann, lohnt indes ein Abstecher zum **Landgasthof Podelwitz**.

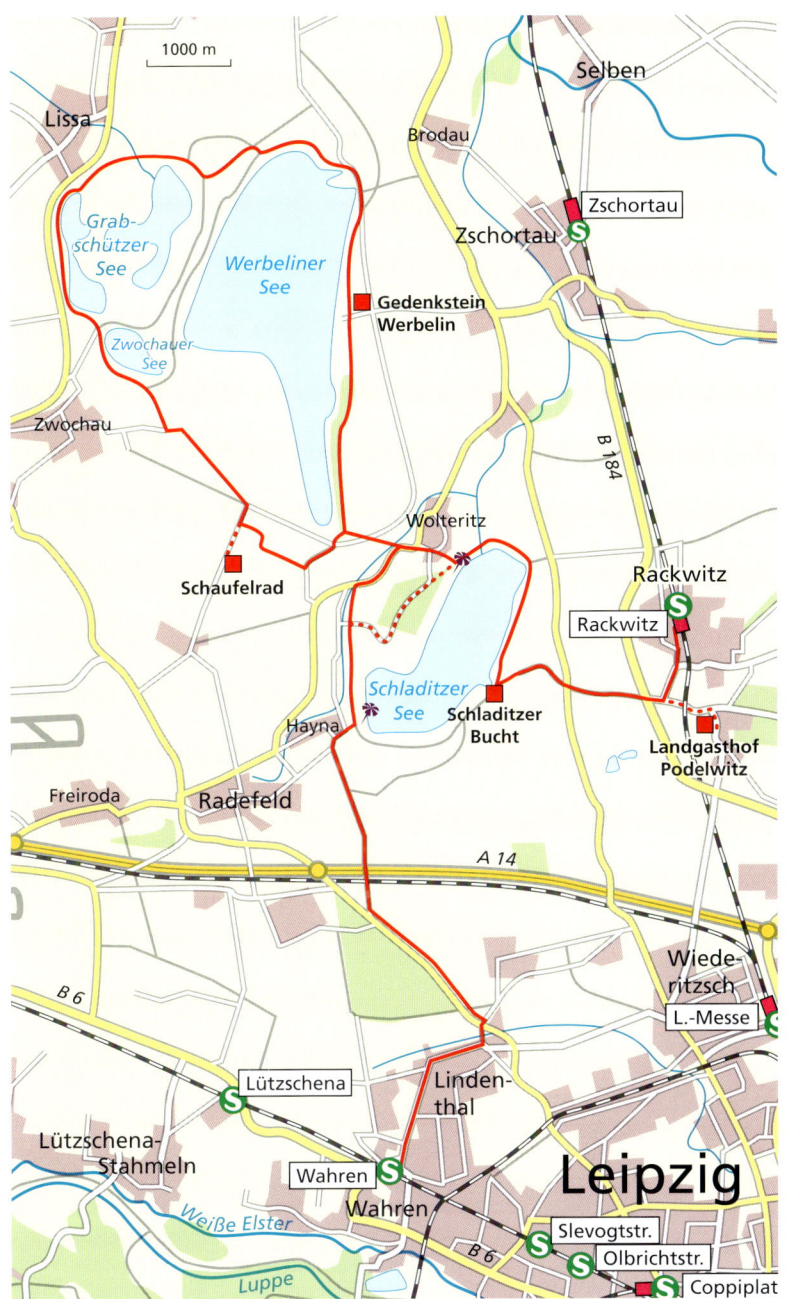

1000 m

Selben

Lissa

Brodau

Grab-
schützer
See

Zschortau

Ⓢ Zschortau

Werbeliner
See

Gedenkstein
Werbelin

Zwochauer
See

Zwochau

B 184

Schaufelrad

Wolteritz

Rackwitz

Rackwitz Ⓢ

Schladitzer
See

Schladitzer
Bucht

Landgasthof
Podelwitz

Hayna

Freiroda

Radefeld

A 14

Wiede-
ritzsch

B 6

L.-Messe Ⓢ

Lützschena Ⓢ

Linden-
thal

Lützschena-
Stahmeln

Wahren Ⓢ

Leipzig

Wahren

Slevogtstr. Ⓢ

Olbrichtstr. Ⓢ

Weiße Elster

B 6

Coppiplat Ⓢ

Luppe

Petersroda

165

Delitzsch
ob Bf

Delitzsch
unt Bf

S2 [P]

Hohenroda

Start und Ziel
Station Delitzsch Unterer Bhf.
S2, RE 13 und RB 54/57 mind. stündlich ab Leipzig Hbf.

Radtour
Delitzsch – Badrina – Tiefensee – Roitzschjora – Löbnitz – Reibitz – (Brinnis – Hohenroda –) Delitzsch

Länge
44 bzw. 52 km

Karte ▸ Seite 50

Delitzsch

Von Mühle zu Mühle

An Windmühlen hat Nordsachsen mehr zu bieten als fast jeder andere Zipfel der Republik. Alle von ihnen abzuradeln, wäre ein wochenfüllendes Programm. So beschränken wir uns auf einige schöne Exemplare, die sich zudem meist auf etwas abgeschirmten Waldwegen erreichen lassen.

Wir starten am Unteren Bahnhof zu Delitzsch und damit scheinbar ein wenig werblich. Denn die erste Etappe radeln wir somit auf dem Raiffeisenweg in Richtung Bad Düben. Aufklärend sei indes angemerkt, dass der Urvater der Raiffeisen-, also der ländlichen deutschen Genossenschaftsbewegung, von eben hier stammt: Franz Hermann Schulze, später Hermann Schulze-Delitzsch. Der Bürgermeistersohn agierte viele Jahre als Richter über mehrere Rittergutsbezirke. So lernte er aus erster Hand die Nöte kleiner Betriebe auf dem Lande kennen, denen die fortschreitende Industrialisierung arg zusetzte. Nach einer Missernte 1846 gründete er darum ein Hilfskomitee, das der Beschaffung von Getreide und damit zum Unterhalt einer Mühle bei Delitzsch diente.

Und damit sind wir schon beim heutigen Ausflug. Den Grund für die hohe Mühlendichte liefern übrigens die Böden. Sie sind überdurchschnittlich fruchtbar, sodass die Bauern den einst allgegenwärtigen deutschen Wald hier konsequenter rodeten als andernorts. Damit fiel einerseits ungewöhnlich viel Korn an, das nach jeder Ernte gemahlen sein wollte. Andererseits ließ das Fehlen von Bäumen den Wind in diesem ohnehin flachen Landstrich geradezu zu Hochform auflaufen. Ein regelrechtes Dorado für Windmüller also.

Wir rollen von Delitzsch ostwärts, zunächst am nördlichen Rand von Beerendorf entlang und dann knapp 3 Kilometer durch Felder, bis uns der **Sprödaer Wald** aufnimmt. Hier ist es bereits deutlich windgeschützt. An der ersten Gabelung halten wir Kurs, biegen also nicht sofort links nach Spröda ab, sondern erst gut 1 Kilometer später an

Eine von vielen:
Windmühle in Reibitz

einer T-Kreuzung mitten im Wald. Unmittelbar vor Spröda führt der Radweg bereits wieder nach rechts, Richtung **Wannewitz**. Das durchfahren wir, um etwa 500 Meter südlich des Dorfes links zur ersten Mühlenstation abzuzweigen: **Badrina**.

In Badrina hat sogar der Mühlenverein Nordsachsen seinen Sitz. Das ist insofern kurios, als ausgerechnet dieses Dorf gar keine Windmühle besitzt, wohl aber am romantischen Bäckerteich eine frühere Wassermühle. Reizvoller als das backsteinerne Mühlengebäude von 1750 – auch wenn das jährlich zum Deutschen Mühlentag zu Pfingsten tausende Besucher anlockt – ist indes der kleine Park hinterm Teich. Mehrere Fließe durchziehen ihn und schaffen so eine stimmungsvolle Waldauenlandschaft.

Nächstes Mühlenziel, diesmal mit einer echten Bockwindmühle, ist **Tiefensee**. Der Weg dorthin führt von Badrina nordwärts über **Scholitz**. Hier lohnt die kleine turmlose Kirche einen Zwischenstopp. Ende des 12. Jahrhunderts war sie auf dem höchsten Punkt des Dorfes aus Raseneisenstein und Findlingen erbaut worden. Am Ende des Dorfes müssen wir uns rechts halten (nicht links auf Reibitz), so erreichen wir nach wenigen Minu-

Bockwindmühle Tiefensee
Schaumühle mit Schrotgang, Walzenstuhl und Haferquetsche, Besichtigung nach Vereinbarung.
Familie Sommerfeld
Zur Mühle 1
Tel. (03 42 43) 2 46 32

Bockwindmühle Löbnitz
Um 1760 erbaut, arbeitete bis 1924 nur mit Windkraft. Haferquetsche und Schrotgang funktionsfähig. Seit 1994 neues Antriebsrad und neue Ruten. Besichtigungen nach Vereinbarung.
Müllermeister Werner Döbler
Delitzscher Str. 28
Tel. (03 42 08) 7 01 25

ten wieder den Raiffeisenweg. Auf den biegen wir links ein. Die 5 Kilometer bis Tiefensee schützt nun erneut fast durchweg schöner Tann – erst die **Prellheide**, dann der **Schnaditzer Wald**. Vorsicht, auf halber Strecke müssen wir die B 183a queren!

Noch vor dem Dorfeingang von **Tiefensee** erspähen wir links die Bockwindmühle. Anno 1847 am Rande von Delitzsch errichtet, sei sie erst um 1900 hierher umgesetzt worden, ist von Familie Sommerfeld zu erfahren. Sie betreibt das gute Stück in vierter Generation. Nach umfangreicher Rekonstruktion ist es heute eine sehenswerte Schaumühle. Anschließend geht es gleich

Bockwindmühle Reibitz
Stand ursprünglich in Werbelin bei Delitzsch, 1994/95 originalgetreu wieder aufgebaut, dient zu Bildungszwecken und als touristische Attraktion. Im Schullandheim Badrinaer Landstraße
Tel. (03 42 08) 7 21 91
www.schullandheim-delitzsch.de

Seehof Reibitz
Reiterhof mit Country-Restaurant „Saloon Western Inn". Von hier kann man direkt in die Reithalle schauen. Große Freiterrasse. Rustikale deutsche Küche. Einfache Übernachtungsmöglichkeiten in Chuckwaggons (Planwagen).
Teichstr. 2d (direkt an der B 183a)
Tel. (03 42 08) 7 25 34
www.seehof-reibitz.de
Täglich geöffnet

am Ortseingang von Tiefensee nach links weiter. Wir touren nun auf dem grün markierten Mühlenrundwanderweg. Daneben finden sich auch die gelben Symbole des Radweges Delitzsch – Bad Düben.

Nach 2,5 Kilometern durch Felder erreichen wir den Ort **Roitzschjora**, bekannt durch seinen Segelflugplatz. Auch hier weiß man halt seit Langem den Wind zu nutzen. Im Ort halten wir uns links, folgen so weiter dem Mühlenrundwanderweg und umfahren damit ein sumpfiges Teichgebiet. Am Wegesrand passieren wird dabei den nächsten mahltechnischen Zeitzeugen. Aller-

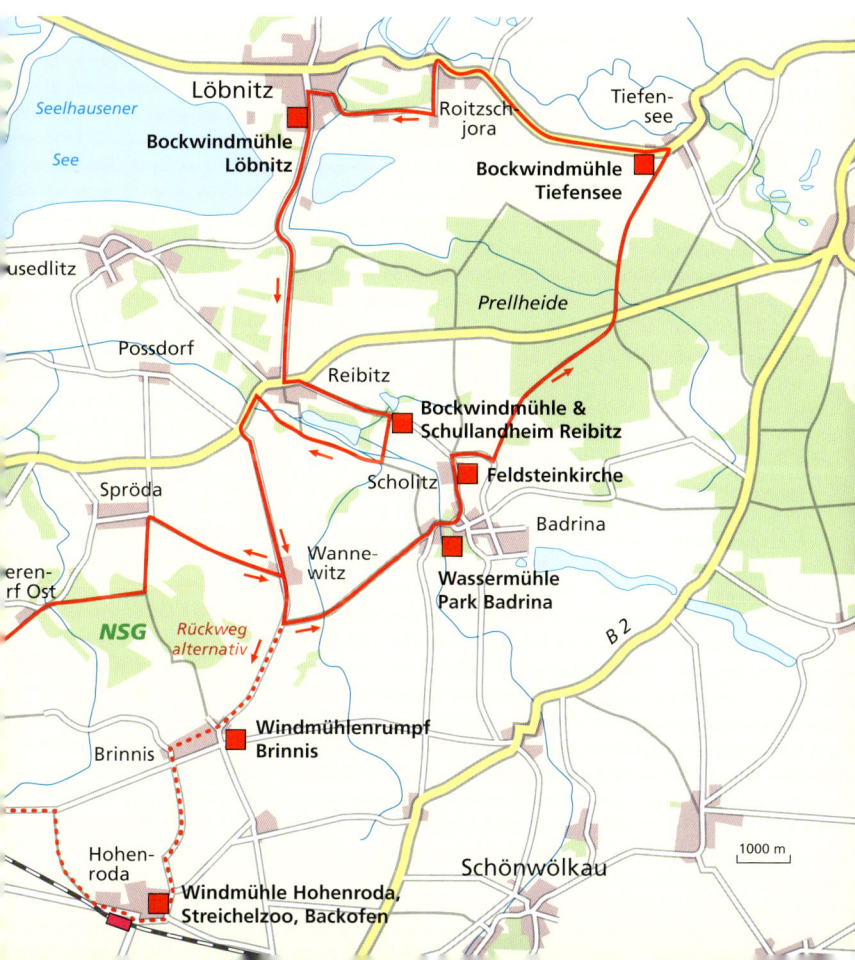

Im Park Badrina

dings überlebte von dieser Windmühle nur noch ein Stummel. Wesentlich properer nimmt sich da die Bockwindmühle in **Löbnitz** aus, das wir wenig später erreichen. Kein Wunder auch – sie gehört noch einem leibhaftigen Müllermeister. Ist Werner Döbler daheim, kann er viel erzählen über das 1760 erbaute Denkmal, das 1994 ein neues Antriebsrad und neue Ruten bekam. Bis 1924 mahlte hier noch der Wind das Korn. Haferquetsche und Schrotgang funktionieren noch immer.

Die Mühle liegt bereits an der Delitzscher Straße, die uns südwärts nach 3,5 Kilometern in Reibitz anlandet – dem nächsten Mühlendorf. Die Strecke führt sehr schön am **Seelhausener See** entlang und danach ein Stück durch das **Reibitzer Holz**. Nachdem wir im Ort die B 183a gequert haben, halten wir uns gleich links und folgen auf der Badrinaer Straße den Schildern zum Schullandheim. Die hier beheimatete Bockwindmühle ist noch funktionsfähig und eine der schönsten in der Region. Erst 1995 war sie hier originalgetreu neu errichtet worden. In Werbelin, wo sie bis 1950 in Betrieb war, hatte sie einem Tagebau weichen müssen.

Das Schullandheim, das auch Nachtquartiere offeriert, gleicht einer Oase. Pfauen spreizen sich auf den Wegen im Kinderbauernhof, Schafe weiden auf den Wiesen und auf dem großen Teich kann man baden oder rudern. Zum Areal gehören eine Ausstellung agrarischer Geräte sowie eine Schlangenzucht.

Für die Rücktour nehmen wir zunächst einen Feldweg, der südlich des Teiches entlang einer Kiesgrube westwärts zur B 183a führt. Hier zweigt nach links eine Landstraße ab, die uns nach knapp 2 Kilometern wieder nach **Wannewitz** führt und damit erneut auf den Raiffeisenweg. Über Spröda und Beerendorf geleitet der uns zurück nach Delitzsch.

Wer indes noch ein paar Körner zuzusetzen hat, fahre in Wannewitz die Straße weiter bis

**Restaurant
Zur Schlosswache**
In jeder Beziehung nicht billig. Direkt am Barockschloss in einem historischem Backsteinbau, außergewöhnliches Ambiente, Gourmetanspruch.
Schlossstr. 28
04509 Delitzsch
Tel. (03 42 02) 3 55 00
www.schlosswache-delitzsch.de
Mo/Mi–Fr 11–14 und 17.30–23, Sa 11–23, So/Fei 11–21 Uhr

**Cafe-Restaurant
Marjuschka**
Original russische Gerichte wie Borschtsch, Soljanka oder Pelmeni. Daneben auch Einheimisches von Strammer Max bis Schnitzel mit Bratkartoffeln, alles liebevoll zubereitet.
Markt 16
04509 Delitzsch
Tel. (03 42 02) 99 94 73
www.marjuschka.de
Di–So 10–22 Uhr

Brinnis. Die 1635 erstmals erwähnte Bockwindmühle des Dorfes dämmert derzeit allerdings
flügellos dahin. Dafür lohnt eine Visite der Bockwindmühle in **Hohenroda**, wohin am westlichen
Dorfausgang links eine Landstraße führt. Sie präsentiert sich nicht nur in Top-Verfassung. Arron-
diert wird sie auch von einem historischen Back-
ofen, einer kleinen Agrartechnikschau und einem
Streichelzoo.

Auf dem grün markierten Radwanderweg Delitzsch – Eilenburg erreichen wir schließlich nach
knapp 8 Kilometern ebenfalls wieder **Delitzsch**.
Hier sollte uns noch die Altstadt einen Bummel
wert sein. Vom Unteren Bahnhof rollen wir dazu
durch die Eilenburger Straße und weiter die Breite
Straße entlang. Jahr für Jahr zeigt sich der historische Kern schöner. Traumhaft restauriert ist
längst wieder der Schlossbezirk um das **barocke
Palais**, das 1391 zunächst als Wasserburg entstanden war. Zu beeindrucken wissen bis heute der
hübsche Garten sowie das geschmackvolle Interieur. Und da das Schloss nun ein Museum, die
Tourist-Information und das Standesamt beherbergt, ist es auch für jedermann frei zugänglich.

Das barocke Wasserschloss
Delitzsch

BW

Bitterfeld

S2 P+R

RE 13

RB 54

RB 57

Start und Ziel
Station Bitterfeld
(nicht im MDV-Gebiet)
S2, RE 13 und RB 54/57
mind. stündlich ab
Leipzig Hbf.

**Rad- oder
Wandertour**
Umrundung des Gro-
ßen Goitzschesees:
Bitterfeld – Frieders-
dorf-Mühlbeck –
Pouch – Döberner
Forst – Goitzschewald –
Bitterfeld

Länge
30 km

Karte ▸ Seite 57

Touristische, geschichtliche
und bergbautechnische In-
formationen rund um die
Goitzsche im Internet:
www.goitzsche.de

**Stadt- und Tourismus-
information**
OT Bitterfeld
Am Markt 7
06749 Bitterfeld-Wolfen
Tel. (0 34 94) 6 66 03 16
www.bitterfeld-wolfen.de
Mo–Fr 8–18 Uhr

Goitzsche

Bitterfeld, ahoi!

**Wer lange nicht in Bitterfeld war, staunt
ohne Ende, wie schnell man in der angeblich einst dreckigsten Stadt Europas in eine
traumhafte Seenlandschaft taucht. Nur wenige Minuten hinterm historischen Markt führt
der Weg schnurstracks an die Wasserfront.
Hier beginnt eine Rundtour – fast immer entlang des Ufers – zu Häfen, Stränden, Kultur-
zeugen und geschützter Natur.**

Wir laufen oder radeln rechts ein Stück die Bahnhofstraße hinunter und biegen links in die Walter-
Rathenau-Straße ein. Es geht vorbei am Stadtpark,
der rechter Hand in ein kleines Tiergehege übergeht, und anschließend über den Markt mit der
imposanten neugotischen Stadtkirche zur Linken.
Wir halten aber Kurs, erreichen so die Badergas-
se, biegen rechts in den Plan und gleich wieder
links in die Mühlstraße ein. Schon haben wir den
Großen Goitzschesee – kurz: Goitzsche – vor uns.
Die Goitzsche ist ein Tagebaurestsee mit immen-
sen Ausmaßen: 13,32 Quadratkilometer Fläche, 22
Kubikkilometer Volumen, bis zu 48 Meter tief und
einen Uferumfang – inklusive Nachbarseen – von
66 Kilometern.

   Nur Minuten, nachdem wir den Zug verlassen
haben, umfängt uns Feeling à la Mecklenburg.
Und das in Bitterfeld, bis 1990 Inbegriff für in-
dustrielle Umweltsünden. „Bitterfeld, Bitterfeld,
wo der Dreck vom Himmel fällt", reimte Volkes
Stimme. 180 Tonnen Flugasche sollen allein die
Essen des Kohlekraftwerks täglich verstreut haben. Doch nun witzelt mancher schon von einem
Bad Bitterfeld, wenn er wie wir die neue Wasserfront entlangradelt.

   Wir halten uns am See links. Orientierung
bietet der Pegelturm in einiger Entfernung. Zuvor
berührt die Seepromenade den Hafen. Den asphaltierten Weg säumen Liegewiesen und Strand-
cafés. Fischer verkaufen frischen Goitzsche-Fisch,
Yachten schaukeln in einer Marina. Daneben
legt gerade das Ausflugsboot „Vineta" an, um

Passagiere für einen Törn durch das weitläufige Wasserrevier aufzunehmen. Denn im Grunde besteht die Goitzsche aus drei Seen, die jeweils aus einem Tagebau entstanden: der Niemegker See direkt vor uns, der Bernsteinsee zur Linken und der Döberner See am entfernten Ufer gegenüber. Eine milliardenschwere Rekultivierung ließ die Bergbau- zu einer Seenlandschaft mutieren.

Symbolisch hierfür steht die **Villa am Bernsteinsee**. An ihr führt der Weg vis-à-vis der Mole Ost vorbei. 1896 hatte sich ein Papierfabrikant den majestätischen Neurenaissance-Bau errichten lassen. In der DDR diente er als Wohnhaus. Dann stand er leer, drohte zu verfallen, erlitt Vandalismus und zwei Brände. Erst als die Sparkasse Anhalt-Bitterfeld 1999 die Villa übernahm und kräftig investierte, kehrte nach und nach der alte Glanz zurück. Zusammen mit dem Yachthafen mauserte sie sich zu einer exklusiven Hotelanlage, zu der auch ein Top-Restaurant gehört. Gleich nebenan erinnert indes auch ein kleiner **Technikpark** mit Bergbaurelikten und einer E-Lok der einstigen Grubenbahn an das Davor.

Einen Vorgeschmack auf die gesamte Rundtour ermöglicht der **Pegelturm**. Eine 200 Meter lange schwimmende Seebrücke führt zu dem spiralförmigen Stahlbau, der ebenfalls schwimmend vertäut ist – und eine Wendeltreppe geleitet alle Schwindelfreien 26 Meter in die Höhe. Wem der erbauliche Ausblick von hier oben reicht, um sich ein Bild von der umbrechenden Landschaft zu machen, der bleibe hier. Er findet den ganzen Tag ausreichend Kurzweil zwischen Strand, Verkaufs- und Info-Boutiquen, Wassersportklubs, Kinderspielplätzen und einer Schiffsgaststätte.

Alle anderen radeln weiter, zunächst über die Flutungsanlage mit dem Raugerinne. Bald schon erkennen wir links des Weges die ersten Häuser von **Friedersdorf-**

Villa am Bernsteinsee
Nobelrestaurant in sanierter Fabrikantenvilla im Stil der Neorenaissance, direkt an See und Yachthafen gelegen. Terrasse, Biergarten, Kinderspielplatz, Moccabar. Edles und doch gemütliches Ambiente. Gehobene deutsche und internationale Küche.
Mühlenboulevard 4
06749 Bitterfeld
Tel. (0 34 93) 92 93 98
www.villa-am-bernstein-see.com
Tgl. 8–22 Uhr

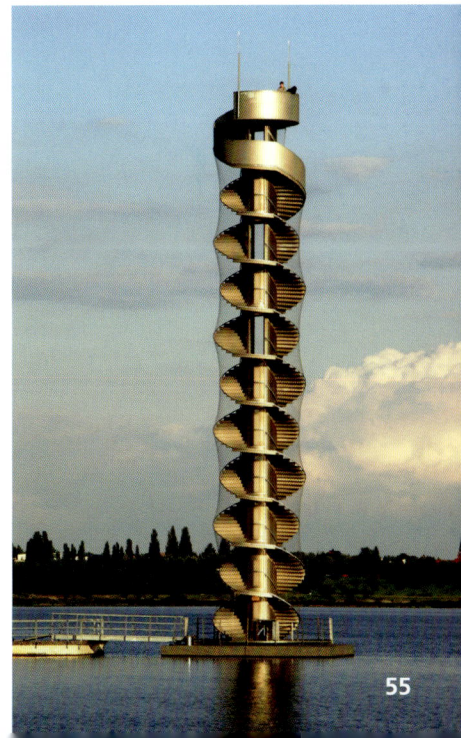

Vom Pegelturm hat man beste Aussicht auf die Goitzsche

Landschaftspark Goitzsche
Informationen rund um
die Halbinsel Pouch und
das Seengebiet Kom-
munaler Zweckverband
Bergbaufolgelandschaft
Goitzsche.
Poucher Dorfplatz 3
06774 Muldestausee
(OT Pouch)
Tel. (0 34 93) 51 13 60
www.goitzsche.eu

Mühlbeck, Deutschlands erstem **Buchdorf**. Es ist uns einen Abstecher wert, selbst auf die Gefahr hin, nun auch alle Leseratten zu verlieren. Aus den anfangs sieben Antiquariaten, die 1997 in den backsteinernen Häusern und Höfen eröffneten, wurden inzwischen 15. Gemeinsam bringen sie es auf gut eine halbe Million Bücher aller Couleur. Und sie haben allesamt täglich geöffnet! Weitere Buchhandlungen sollen noch hinzukommen, ergänzt um tangierende Berufe wie Buchbinder und Buchgestalter. Glas- und Holzkunst sind bereits vertreten.

Wer mehr auf moderne Kunst steht, biege kurz vor Pouch nach rechts auf die gleichnamige Halbinsel. Hier hält ein Landschaftskunstprojekt – es soll das größte weltweit sein – Spuren der bergbaulichen Vergangenheit lebendig. Künstler aus dem In- und Ausland schufen ungewöhnliche Arbeiten, die etwa den wiederholten Häutungsprozess der Region symbolisieren oder in Form eines Labyrinths neue Auswege eröffnen. Das Herz der Halbinsel pulsiert im **Agora-Park**. Der lässt im Namen wie in der Gestaltung des zentralen Amphitheaters antike Vorbilder erkennen. Denn im alten Griechenland war die Agora ein beliebter Versammlungsort fürs Volk. Heute dominieren hier Sport und Spiel, Botanik und Erholung, Ruhe und Lautstärke – letztere etwa, wenn es mal etwas rockiger zur Sache geht.

Ja, und das Kontrastprogramm bildet die Feldsteinkirche in **Pouch** aus dem 13. Jahrhundert. Ihr Inneres schmückt ein spätgotischer vierflügeliger Schnitzaltar. Die Gemälde darauf werden immerhin der Werkstatt von Lucas Cranach d. Ä. zugeschrieben. Direkt am Ufer von Pouch lässt sich überdies weithin der ebenso markante wie morbide **Rote Turm** ausmachen. Er gehört zum Schloss, in das nach der Sanierung ein deutsches Nanozentrum einziehen soll.

Wir sind nun am Döberner See. Dörfer gibt es keine mehr. Sie wurden weggebaggert, wie Döbern, an das ein Gedenkstein am Weg erinnert. Überlebt hat aber die **Hufe Döbern**, ein sumpfiger Heideflecken, den wir linker Hand passieren – und mit ihm eine Sage. Demnach flüchtete sich dereinst ein Mann vor dem Teufel hierher, da hier mal eine Kirche gestanden haben soll. Der Teufel, wütend, weil ihm die Seele entging, stampfte verärgert auf – und Kirche wie Mann versanken.

Wenig später gelangen wir an eine Gabelung. Wir halten uns rechts Richtung **Döberner Forst** und folgen dem Uferweg. Er bringt uns zu einer erhöhten Halde – dem **Feldherrenhügel**. Der Blick schweift auf ein sich selbst überlassenes Naturschutzgebiet. Am Himmel kreist majestätisch ein Fischadler. Weiter geht es nun eine Weile straff südwärts. Das Wasser bleibt uns aber treu, denn zur Linken öffnet sich der Seelhausener See – einst auch ein Tagebau. An einer Fußgängerbrücke biegt der Goitzsche-Rundwanderweg scharf rechts ab, passiert den Ausguck **Sonnentalblick** und einen Truppenübungsplatz und lenkt uns über eine weitere Brücke nach rechts zum alten Schwellenplatz. Nun umfängt uns für einige Kilometer nordwärts der noch junge **Goitzschewald**. Wir vertrauen uns den Schildern an, die zur Aussichtsplattform **Spitze** locken und damit erneut zum Wasser. Von hier geht es dann auf der Seepromenade westwärts nach Bitterfeld zurück.

Buchdorf
Mühlbeck-Friedersdorf
Erstes Buchdorf in Deutschland, 15 teils spezialisierte Antiquariate auf kleinem Raum im gemütlichen Umfeld; Lesungen, Markt, Konzerte, Gaststätten.
Dorfplatz 15
06774 Muldestausee
(OT Mühlbeck)
Tel. (0 34 93) 95 00 43
www.buchdorf.com

RE 13 Dessau / Magdebur
RB 54 Dessau
RB 57 Lutherstadt Witten
RB 80 Lutherstadt Witten
RB 86 Dessau

Start und Ziel
Dessau Hbf. (nicht im
MDV-Gebiet)
RE 13 und RB 54/57
mind. stündlich ab
Leipzig Hbf.

Radtour
Dessau Hbf. –
Georgium – Bauhaus –
Landschaftspark Groß-
kühnau – Luisium –
Vockerode – Wörlitz
Park – Oranienbaum –
Pötnitz – Dessau

Länge
38 km

Karte ▸ Seite 60

Bauhaus Dessau
Gropiusallee 38
Tel. (03 40) 6 50 82 50
www.bauhaus-dessau.de
Tgl. 10–18Uhr
6 € pro Pers.
Führungen für Einzelbesu-
cher tgl. 11 und 14 Uhr
sowie zusätzlich Sa/So/Fei
(Mai–Okt. 12 und 16,
Nov.–Apr. 16 Uhr) 5 €

Dessau – Wörlitz

Tour ins Gartenreich

**Rein politisch waren die Fürsten von An-
halt-Dessau unbedeutend. Was sie jedoch an
landschaftsgestalterischen Akzenten setzten,
ließ sie in Europas Hochadel aufrücken. Besonders Leopold III. Friedrich Franz (1740–
1817), zu Lebzeiten als Vater Franz verehrt,
gärtnerte sich nachhaltig ins Bewusstsein
der Nachwelt. So widmet sich ihm heute eine
ganze Gartenreich-Radroute.**

Sie zu bestreiten, heißt zeitig aufbrechen und gut
frühstücken. Fast 40 Kilometer liegen vor uns,
wenn wir am Dessauer Hauptbahnhof starten.
Dort nehmen wir nicht den Ausgang Richtung
Innenstadt, sondern wählen den westlichen Ausgang Richtung Bauhaus. An der Kleiststraße halten wir uns rechts, überqueren die Puschkinallee
und stehen vor dem ersten der Kleinode des Gar-
tenreiches, dem **Georgium**. Nach Wörlitz ist dieses
Ensemble das zweitgrößte in dieser zum Weltkulturerbe erhobenen botanischen Region. Sein
Schöpfer war indes der jüngere Bruder von Fürst
Franz, Prinz Johann Georg – daher der Name.
Der 20 Hektar große Georgengarten lockt zu
ausgedehntem Bummel zwischen klassizistischen
Kleinarchitekturen und Skulpturen. Im Schloss
logiert die Anhaltische Gemäldegalerie (bis 2014
geschlossen).

Wieder zurück auf der anderen Seite der
Puschkinallee erreichen wir bald das nächste Dessauer Erbstück der Weltkultur: das **Bauhaus**, die
berühmte Kunst-, Design- und Architekturschule.
Das raumgreifende Ensemble aus Glas, Stahl und
Beton, in das jeder Gegenstand ohne aufgesetzte
Effekte integriert ist, entstand 1925/26 nach Ent-
würfen von Walter Gropius. Hier hat die Form der
Funktion zu gehorchen. Ateliertrakt, Werkstätten
und Bühne bilden bis heute eine einzigartige
schöpferische Atmosphäre. Verstärkt wird dies
durch die historischen **Meisterhäuser** von Feinin-
ger, Klee, Kandinsky und Gropius an der Ebert-
allee. Auch sie zählen zum Welterbe.

Hier verwirklichte Friedrich Franz seine Gartenträume

Weiter führt die Route über die Oechelhäuser Straße zur Kühnauer Straße, in die wir rechts einbiegen. Nach 3,5 Kilometern liegt die Stadt fast hinter uns. An der Friedensallee weist ein Schild rechts zum **Landschaftsgarten Großkühnau**. Hier betätigte sich bereits Franzens Sohn Friedrich. Das Herz des zuweilen südländisch anmutenden Parks – mit bruchsteinernem Torbogen und Amphitheater – bildet das **Weinberghaus**, nun Sitz einer Naturschutzstation. Es erhebt sich an seiner höchsten Stelle. Von hier schaut man auf den **Kühnauer See** mit der neuromanischen Kirche und das **Schloss Großkühnau**. Am Nordwestufer des Kühnauer Sees kann man auch baden oder rudern.

Im Park beginnt auch die Gartenreich-Route Fürst Franz. Ihr Symbol, ein roter Balken auf weißem Quadrat, begleitet uns fast den ganzen Tag. Vom Schloss führt sie zunächst lange ostwärts. Kurz vor **Ziebigk** passieren wir rechts am Ochsenwall den **Rapunzelturm**. Er entstand 1942 für eine Pumpstation zum Entwässern der Elbwiesen. Bald darauf ist die Elbe erreicht. Am **Leopoldhafen** vorbei, wo Sportboote schaukeln, führt der Weg ein Stück durch Wiesen. Auch hier garnieren immer wieder Statuen, Obelisken oder alte Burg-

Naturschutzstation Weinberghaus
Mai–Sep. ungerade Kalenderwochen Do 14–19, gerade Kalenderwochen Sa 14–19 Uhr
Vorträge und Führungen nach Anmeldung:
Tel. (03 40) 2 04 15 83

Schloss und Park Luisium
Klassizistischer Landsitz in
kleinem idyllischem Park.
Landhaus weitgehend ori-
ginal ausgestattet, feine
Stuckdekorationen und
Wandgemälde.
Tel. (03 40) 2 18 37 11
Apr. und Okt. Sa/So/Fei
10–17, Mai–Sep. Di–So/Fei
10–18 Uhr
Der Park ist ganzjährig
zugänglich.

relikte die Strecke, so eine schlafende Schäferin
namens Cleopatra. Also leise, bitte!

Am **Peisker**, Teil des früheren Wallwitzhafens,
unterquert die Strecke die B 184. Sie schlängelt
sich am Waldrand entlang und später durch Wiesen zur Mulde. Wer mag, kehre hier im Landhaus
ein. Dann geht es über die witzig überdachte
Jagdbrücke und von hier fast 4 Kilometer schnur-
geradeaus bis zum Sieglitzer Berg am Hochufer
der Elbe.

Kulturinteressierten sei indes schon 1 Kilometer nach der Jagdbrücke ein Abstecher auf
dem hier rechts abzweigenden Lutherweg empfohlen. Der **Park Luisium**, den man bald erreicht,
lohnt das ohne Frage. Die stimmungsvoll-intime
Anlage mitten im Wald, die Fürst Franz seiner
Gemahlin Luise widmete, ist mit ihren Plastiken,
Brunnen und Häuschen schon ein kleines Wörlitz.
Das klassizistische Schloss von 1778 gefällt mit
strengen Formen und einem reich ornamentierten
Festsaal.

Wörlitzer Eisenbahn
Verkehrt in der Sommer-
saison Mi–So (in den
Sommerferien auch Mo,
Di) zwischen Dessau und
Wörlitz.
Tel. (03 40) 21 33 66
www.dwe-web.info

Die Hingucker des **Sieglitzer Berges** bilden mehrere Tore, so das feudale Walltor und der **Dianentempel**. Der Waldpark ist nur zu Fuß oder im Sattel zu erreichen. Von hier weicht uns die Elbe für rund 10 Kilometer fast bis Wörlitz nicht mehr von der Seite. Kurz vor der Unterführung der A 9 müssen wir indes nach rechts: Der Radweg wird einspurig, was wir wegen des radelnden Gegenverkehrs auch respektieren sollten. Gleich nach der Autobahn oder aber 1 Kilometer später in **Vockerode** können wir wieder zum schönen Uferweg zurück. Der direkte Weg durch Vockerode hat den Charme, dass wir so die neugotische Kirche des Kraftwerksdorfes „mitnehmen". Vor uns erhebt sich nun auch die gewaltige backsteinerne Industriebrache, hier stand ehemals das Kraftwerk Vockerode.

Weitere 3 Kilometer später empfängt uns Fürst Franz in seinem Meisterstück – dem **Wörlitzer Park**. Es war der erste Landschaftspark in Kontinentaleuropa, in dem englische Gartenbaukunst

Wörlitzer Park
Ab 1765 entstand hier in 40 Jahren auf gut 112 ha der früheste noch erhaltene Landschaftsgarten auf dem europäischen Festland. Ein durchdachtes System von Sichtbeziehungen verbindet die fünf Gartenteile und leitet in die umgebende Landschaft über.
Der Park ist ganzjährig zugänglich.

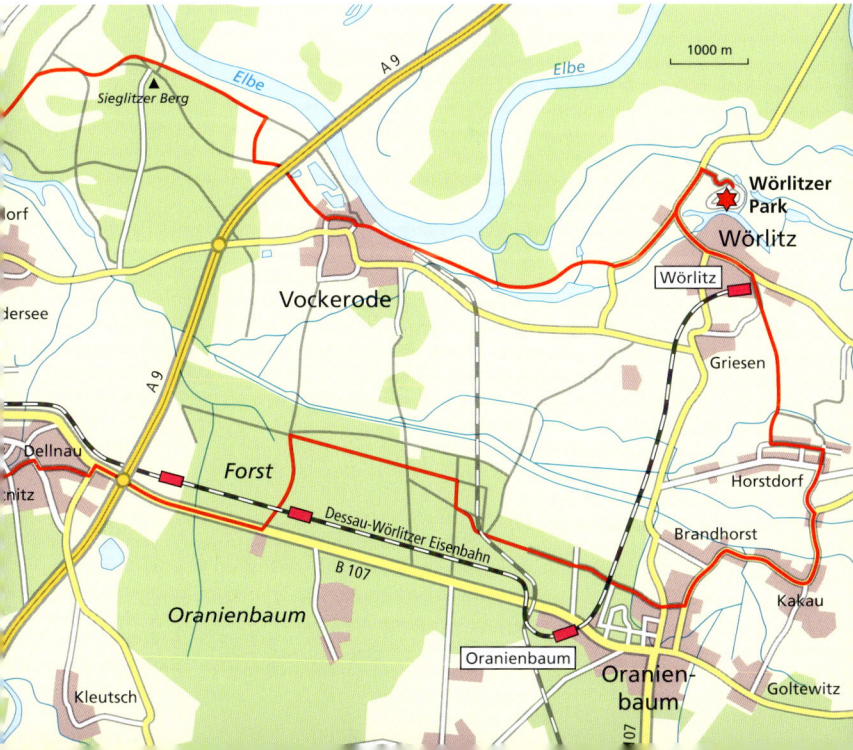

Gartenkunst im Wörlitzer
Park

Schloss Wörlitz
England und Antike in
einem Haus. Gründungs-
bau des deutschen Klas-
sizismus, originale Innen-
einrichtung von Ende des
18. Jahrhunderts, kostbare
Sammlungen, u.a. antike
Plastiken, Gemälde und
Keramik der Wedgwood-
Manufaktur.
Apr.+Okt. Di–So/Fei 11–17,
Mai–Sep. Di–So/Fei 10–18
Uhr
Besichtigungen nur mit
Führung.

den Barock verbannte. Die ganze Anlage wirkt
wie zufällig, doch ist sie bis ins Detail durch-
dacht. So beherbergt sie zahllose Monumente,
Grotten, Denkmale, Statuen und Reliefs. Mehrere
Seen und Kanäle durchziehen sie. Allein das
Schloss ist ein klassizistisches Glanzstück. Fest-
und Speisesaal, Kabinette und Schlafzimmer –
alles strahlt Eleganz aus. Im Gotischen Haus sind
wertvolle Glasgemälde des Barock zu sehen.

Das Weiterradeln fällt hier schwer. Doch es
gibt noch mehr zu entdecken. Über die Neue Reihe und die Riesigker Straße geht es südostwärts
aus Wörlitz heraus. Am Horstdorfer Weg zweigt
die Route rechts auf Oranienbaum ab. In **Horst-
dorf** halten wir uns auf der Hinterreihe links und
biegen dann rechts zum Teich ab. Von hier geht
es konsequent südwärts, bis rechts die Straße
Burgstall beginnt. Über sie gelangen wir nach
der Forster Straße direkt nach **Oranienbaum**. Den
regelmäßigen Grundriss dieser ab 1683 planvoll
angelegten Stadt bestimmen noch die geraden
Achsen des Barock. Mit ihrem Schloss und dem
kleinen Park diente sie als Witwensitz für Prin-
zessin Henriette Catharina von Nassau-Oranien.

Rechts um das Schloss führt die Gartenreich-

Route westwärts wieder in den Wald. Wir rollen nun auch auf dem Europaradweg R1. Die Schilder weisen zu einer **Biberfreianlage**. Hier lassen sich die wehrhaften Nager in authentischem Umfeld erleben, denn die Rückwand ihrer Burg ist durch Glas einsehbar. Die Anlage tangieren Lehrpfade des Informationszentrums **Biosphärenreservat Mittlere Elbe**. Das residiert im **Auenhaus**, 1,5 Kilometer südlich des Biberwaldes. Von hier geht es ein Stück die B 107 entlang und nach der A 9 nach Mildensee. Links in die Sollnitzer Straße, dann rechts in die Oranienbaumer Straße – so bestaunen wir schon bald den **Turm der 8 Winde**. Auch diesen achteckigen Bau, später Napoleonturm genannt, gab Fürst Franz in Auftrag. Als Vorbild diente das antike Original in Athen.

In der Folge schlängelt sich die fürstliche Radroute ab **Pötnitz** südwestwärts. Wir folgen bald den Radwegweisern Richtung Dessauer Zentrum. Vom Vorderen Tiergarten führt die Tiergartenbrücke über die Mulde in den **Lustgarten**. Nächste Orientierungspunkte sind das Schloss, das Rathauscenter, der Stadtpark und schließlich das Theater. Von hier ist es nur noch ein kurzer Weg zum Hauptbahnhof.

Museum Schloss Oranienbaum
Ein kleines Stück Holland. Auf geometrischem Grundriss errichtetes Ensemble aus Stadt, Schloss und Park, weitgehend niederländisch geprägter Barock, eine der längsten Orangerien Europas am Südrand des Parks, bemerkenswerter anglo-chinoiser Gartenteil, 1793-97 unter Fürst Franz angelegt.
Schlossstraße
Tel. (03 49 04) 2 02 59
Mai–Sep. Di–So/Fei 10–17, Apr.+Okt. Sa/So/ Fei 10–17 Uhr
Der Park ist ganzjährig zugänglich.

Brücke am Eingang zum Wörlitzer Park

121 🅿 **Mockrehn**

🅿 **Doberschütz**

167

g

🅿

Eilenburg Ost

Start
Station Doberschütz
S4 alle 30–120 Min.
und RE 10 alle 2 Std.
ab Leipzig Hbf.

Wanderung
Doberschütz – Torf-
haus – Wildenhainer
Bruch – Wildenhain –
Mockrehna

Länge
ca. 18 km

Rückfahrt
Station Mockrehna
S4 alle 30–120 Min.
und RE 10 alle 2 Std.
nach Leipzig Hbf.

Gaststätte Torfhaus
Wirtin Adelheid Heinze
kocht liebevolle Haus-
mannskost, teils auf Vor-
bestellung, teils à la carte.
Größere Gruppen mögen
sich bitte ankündigen.
Auch wochentags, doch
vorher besser anrufen,
vor allem in den kalten
Monaten.
Dorfstr. 4
Tel. (03 42 43) 2 62 15
Sa/So ab 11 Uhr

Wildenhainer Bruch

Durch Moor und Heide

Von Doberschütz nach Mockrehna auf einem großen Umweg durch den Wildenhainer Bruch, wo wir im Herbst vielleicht auch Kraniche sehen können. Diese weltabgeschiedene Tour über meist naturbelassene Wege tut der Seele gut und ist wenig anstrengend.

Vom etwas auswärts gelegenen Doberschützer Bahnhof gehen wir über die Bahnhofstraße in den Ort hinein. Jenseits der B 87 beginnt die Martha-Brautzsch-Straße, die aus dem Ort schon wieder heraus und nach den Gastwiesen bald in den Wald hinein führt. Wir sind nun auf dem Weg „Die Vier". Nach etwa 2,5 Kilometern kreuzt dieser den Weg nach Battaune. Kurz zuvor erinnert ein **Grabmal an einen unbekannten Soldaten**. Seinen Namen kennt man nicht, auch nicht die Umstände seines Todes, nur sein Sterbedatum: drei Tage vor Kriegsende, am 5. Mai 1945.

Die Heide wird mooriger, der Weg zuweilen feuchter. Der **Wildenhainer Bruch** naht. Zuvor erreichen wir nach einem Brückchen über den Torfgraben den Weiler **Torfhaus**. Der hat seinen Ursprung, wie der Name nahelegt, in der Torfstecherei. Sie setzte hier 1793 ein. Die vermodernden Pflanzen aus dem Moor dienten einst als Brennstoff. Schon 1854 kam der Abbau wieder zum Erliegen. Der Ort gleicht heute einem großen Vierseithof. In der Mitte steht ein hölzerner Moorkobold, den der Doberschützer Frank Müller mit der Motorsäge schuf. In Torfhaus entstand bis 1989 übrigens der zwischen Rügen und Vogtland gefragte Maschendrahtzaun.

Gegen Hunger und durstige Kehlen hilft ein Besuch bei Adelheid Heinze in der Dorfstraße 4. Sie betreibt eine Gaststätte, die bei Wanderern recht beliebt ist. Auch deren Wurzeln reichen in die Blütezeit der Torfgräberei zurück.

Dann geht es am Wildenhainer Bruch entlang. Hinter dem letzten Haus biegen wir dazu rechts auf den Waldweg Alte Gabel. Der Wildenhainer Bruch ist das größte Moor der Dübener Heide.

Seit 1966 steht er unter Schutz, da hier seltene
Sumpfvögel wie die Bekassine brüten und be-
drohte Pflanzen leben. Könnte man ihn überflie-
gen, ließen sich noch die Becken vom Torfstich
erkennen.

Betreten dürfen wir den Bruch nicht. Einzig
ein schmaler Weg mit Rindenmulch bietet Einlass.
Er endet 100 Meter später an einer Beobach-
tungskanzel. Mit etwas Glück lassen sich hier
im Herbst, wenn die Kraniche ziehen, die stolzen
Vögel beobachten, wie sie zur abendlichen Rast
einfallen. Da der Graue Kranich im Bruch auch
brütet, gilt er heute als Wappentier des Gebietes.

Die Alte Gabel führt geradeaus bis **Wildenhain**,
ein Gassengruppendorf mit schönem altem Ortskern. Die spätbarocke Kirche stammt von 1782.
Im Ort biegen wir rechts auf die Hauptstraße und
folgen den Schildern nach Mockrehna. An einem

Im Wildenhainer Bruch

Rastplatz gabelt sich die Straße. Wir wählen den nach rechts verlaufenden Heidesteig in Richtung Wald. Unmittelbar vor dem Wald lockt uns ein etwas grasüberwachsener Pfad nach links. Der Weg verlässt nie den Waldrand, links begleiten uns nun ein Wassergraben und eine Birkenreihe. Viele Hochstände lassen auf reichlich Wild schließen. Der Weg endet auf einer Wiese. Vor der halten wir uns rechts, folgen weiter dem Waldsaum bis zu einem Feldweg, der nach links geht. Er führt zu einer Straße. Auf der wenden wir uns kurz nach rechts, nehmen aber den ersten Weg wieder nach links Richtung Wald. Erneut geht es durch Forst, Wiesen und Felder, bis wir nach 2 Kilometern eine schmale Asphaltstraße erreichen.

Nun sehen wir rechts schon die Kirche von **Mockrehna**. Ihre Besonderheit ist weithin auszumachen: In der Turmspitze steckt eine Axt. Der Sage nach schleuderte sie einst der Lausitzer Müllerbursche Pumphut dort hinauf, weil man ihn um seinen Lohn zu bringen trachtete. Auch ein Bronzeknabe auf dem Parkplatz schräg gegenüber erinnert an ihn. Von hier ist es über die Schildauer Straße nur noch ein Katzensprung bis zum Bahnhof.

Eilenburg – Wurzen

An der Wiege Sachsens

Heute geht es zu Kursachsens Wurzeln und zugleich in wenig berührte Natur. Wir strampeln von Eilenburg nach Wurzen, zwei der ältesten sächsischen Städte, erleben prachtvolle, aber verwaiste Schlösser, anmutige Parks und Dörfer, die zu neuem Leben erweckt werden.

Eilenburg empfängt den Gast grün. Vom Bahnhof fällt er geradezu in den Stadtpark, der sich am Mühlgraben fast bis zur Innenstadt entlangzieht. Ebenso klein wie fein gibt sich der integrierte **Tierpark**, in dem immerhin 250 Tiere grunzen, blöken, fauchen oder nur einfach stumm schauen wie die possierlichen Liszt-Äffchen.

Schon vom Park aus sieht man Eilenburgs **Burgberg**, der ohne alle Aufschneiderei als Wiege Sachsens durchgehen darf. Denn anno 1089 schlug eben hier, als Graf Heinrich I. zu Eilenburg vom Kaiser mit der Mark Meißen belehnt wurde, die Geburtsstunde des wettinischen Territorialstaates. Von der Illburg aus dem 10. Jahrhundert überlebte indes nur der 16 Meter hohe kernige Sorbenturm. Experten sehen in ihm Sachsens ältesten Backsteinbau. Er darf bestiegen werden und eröffnet so einen umfassenden Blick auf das Tal der Mulde. Nach und nach erwacht auf dem Burgberg aber auch weiteres altes neues Leben. Nach dem Burgtor sanierte ein Verein den kleinen Bergfried und die Burgbergmauern.

Über die Leipziger Straße erreichen wir danach den **Markt**. Den beherrscht, wie es sich gehört, das Rathaus. Doch mit ihren Rathäusern hatten die Eilenburger nicht so recht Glück. Mehrfach wurden sie zerstört, mal durch Feuer, mal durch Krieg. Ihr erstes von 1403 nannten sie noch Kaufhaus. Das heutige, das Anleihen an einen Renaissancebau

TOUR 14

○ Kämmereiforst

Eilenburg

RE 10

S4

Jesewitz

Start
Station Eilenburg
S4 mindestens stündlich und RE 10 alle 2 Std. ab Leipzig Hbf.

Radtour
Eilenburg – Kollau – Thallwitz – Wasewitz – Canitz – Nischwitz – Wurzen

Länge
18 km

Rückfahrt
Station Wurzen
S1 ca. alle 30 Min. und RE 50 stündlich nach Leipzig Hbf.

Karte ▸ Seite 69

Burgberg und Sorbenturm in Eilenburg

Tierpark Eilenburg
Stadtpark 3
Tel. (0 34 23) 75 29 84
www.tierpark-eilenburg.de
Apr.–Sep. 8–18.30,
Okt.–März 8–17 Uhr

Sorbenturm Eilenburg
Begehbares Wahrzeichen
der Stadt, 16 m hoch.
Tel. (0 34 23) 65 22 22
Besteigung So 13–17 Uhr
und nach Anmeldung über
Stadtmuseum.

Sägemühle Thallwitz
Mühlenstraße
Tel. (0 34 25) 92 33 20
Besichtigung jederzeit
möglich, vorzugsweise
8–16 Uhr, größere Grup-
pen nach Anmeldung.

**Gasthaus
Zum Reußischen Hof**
Landgasthof direkt im
Ort, historisches Gebäu-
de, frisch restauriert, mit
Weinkeller, Biergarten,
Hofscheune, liebevoll be-
reitete regionale Küche.
Neue Hauptstr. 3
04808 Thallwitz
Tel. (0 34 25) 85 33 72
www.gasthaus-
thallwitz.de
Mi–Fr ab 18, Sa/So/Fei ab
11 Uhr

von 1544/45 nimmt, vollendeten sie Ende 1949. Und das widerstand nun auch der Jahrhundertflut im August 2002. Auch der kesse Marktbrunnen, erst 2000 eingeweiht, hatte zwei Vorgänger – und auch er trotzte dem Hochwasser. Das Wasser speien übrigens sandsteinerne Ritter. Zwischen ihnen tanzt eines jener Heinzelmännchen, die einst der Sage nach die Grafen auf dem Berg das Gruseln lehrten. Selbst Grimms Märchen wissen davon zu berichten.

Vom Markt rollen wir ostwärts der Mulde entgegen. Gleich hinter der Brücke zweigt rechts die Kastanienallee ab: Wir haben den Mulderadweg erreicht. Auf asphaltierter Piste führt er durch weite Auen zunächst bis **Kollau**, ein kleines Runddorf. Kurz davor werden wir zu Grenzverletzern. Denn an einer imposanten einzelnen Eiche passieren wir die alte Grenze Preußens nach Sachsen. In Kollau lohnt ein Abstecher zum Muldendamm. Wenn wir ihn überqueren, gelangen wir flussabwärts zum Bobritzer Damm. Hier kann man auch baden. Die Wehranlage stammt noch aus dem Mittelalter. Entsprechend hatten ihr die Naturewalten zugesetzt. Mit der Sanierung 1999 erhielt sie auch eine Fischtreppe.

Wieder zurück in Kollau folgen wir nicht dem Mulderadweg, sondern zweigen links gen **Thallwitz** ab. Hier ist in der Kollauer Straße rechter Hand das Highlight des Dorfes nicht zu übersehen – ein Jagdschloss aus dem 16. Jahrhundert. Von Ferne wirkt es wie eine fesche Kulisse für barocke Sachsenfilme. Man muss näher heranradeln, um die blinden Fenster und bröckelnden Fassaden auszumachen. Am Mast weht eine längsgestreifte schwarz-rot-goldene Fahne. Doch es ist nicht die deutsche, sondern die des Fürstenhauses Reuß. Das hatte das noble Anwesen, hinter dessen Freitreppe sich ein höchst lauschiger Park öffnet, nach langem juristischem Streit 2008 zurückbekommen. Seit 1942 arbeitete in dem Palais indes eine weltweit renommierte Klinik für Kiefer- und Gesichtschirurgie. Diese verlegte das Land Sachsen aber 1994 aus Kostengründen nach Leipzig.

Parallel zur Kollauer Straße verläuft die Mühlenstraße. Hier lohnt ein Abstecher zu einer histo-

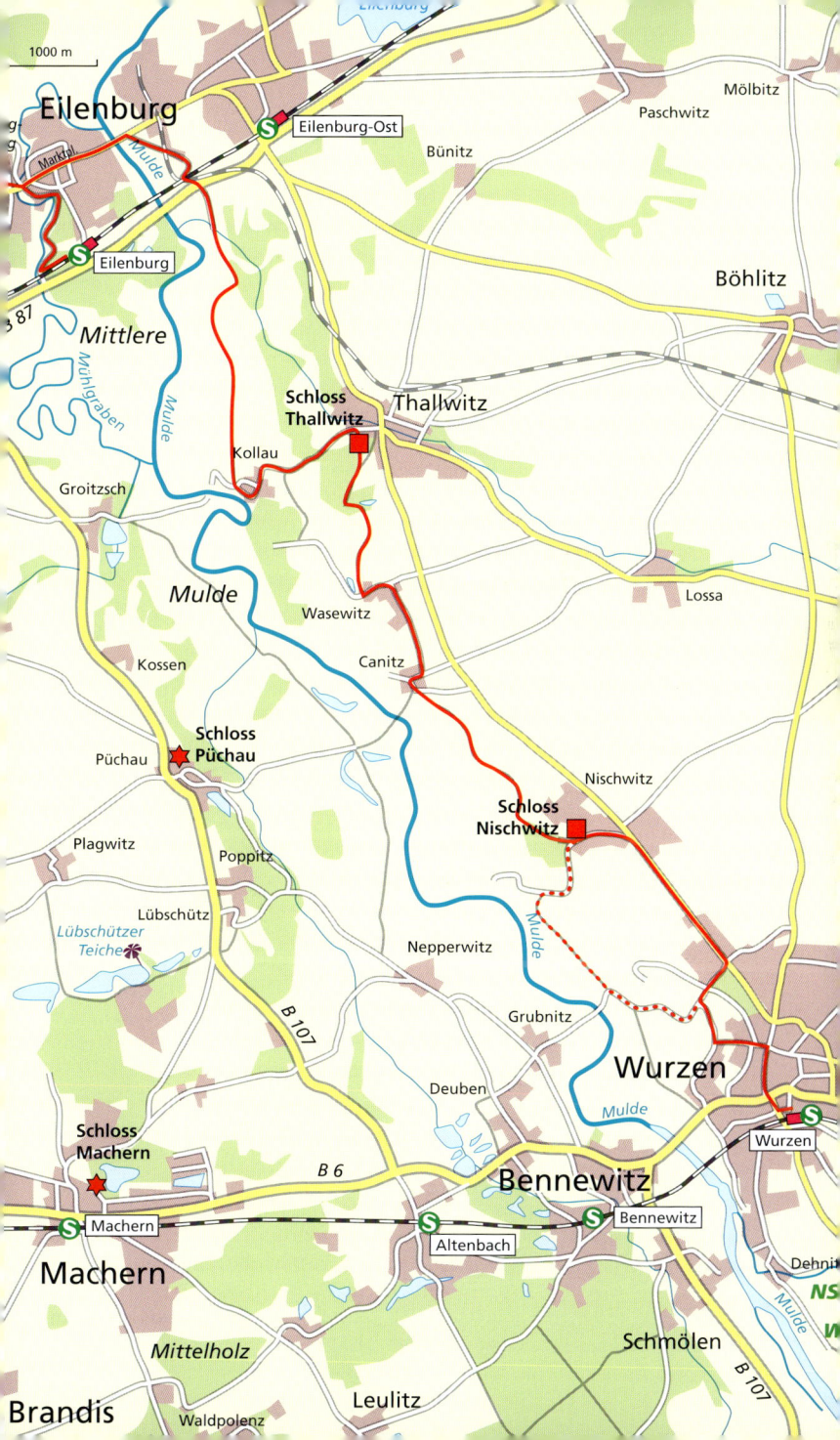

**Restaurant
Schloss Wurzen**
Feine Küche und rustikales
Ambiente im ältesten
Schloss Deutschlands,
attraktive Sehenswürdig-
keiten wie Wendelstein
und Netzzellengewölbe,
Rittertafel, Candle Light
Dinner, regelmäßige
Events, Standesamt.
Amtshof 2
Tel. (0 34 25) 85 35 90
www.schloss-wurzen.de
Tgl. 10–22 Uhr

rischen Sägemühle von 1790. Sie ist wieder voll funktionsfähig. Ihre Kraft bezieht sie aus einem oberschlächtigen Wasserrad im Lossabach.

Durch den Schlosspark führt ein Radweg in Richtung **Wasewitz**. Am Dorfteich treffen wir hier wieder auf den Mulderadweg. Wir folgen ihm nach links bis nach Canitz. In diesen beiden so genannten Wasserdörfern dominiert Ökolandbau. Denn aus ihrem Umland stammt das Trinkwasser für Leipzig. Das bringt auch Geld und öffent-liche Zuwendung. So wurden jüngst etliche der typischen Dreiseithöfe saniert. Der **Park Canitz** mauserte sich gar zu einem Kleinod. Frühere Agrargebäude sind wieder denkmalgerecht in-standgesetzt, daneben entstanden authentische Nachbauten slawischer und germanischer Häuser. Den Clou bildet ein Langhaus aus der Jungstein-zeit. Themen- und Naturgärten sowie ein Garten der Kinder runden den Park ab.

In **Canitz** folgen wir nicht dem Mulderadweg. Wir fahren erst nach links und dann auf einem guten Feldweg rechts nach **Nischwitz** – und da-mit zum nächsten (leider auch leer stehenden) Schloss. Nur gelegentlich liefert die Rokoko-Anla-ge, die der machtgierige Dresdener Premiermini-ster Heinrich Brühl um 1750 zum repräsentativen Sommersitz ausbauen ließ, den Rahmen für Kos-tümbälle und andere exklusive Festivitäten. Heute gehört das Palais einem privaten Investor, der es Stück für Stück restauriert. Hoffront, Orangerie sowie das Teehaus im Garten sind bereits fertig. Man schaue übrigens mal in den Park – und staune: Die Eichen, Ulmen und Eschenhaine wurden so raffiniert gesetzt, dass man meint, hier be-ginne ein großer Wald.

Von Nischwitz ist es auf guter Radpiste parallel zur Hauptstraße nicht mehr weit nach Wurzen. Alternativ kann man auch wei-ter auf dem Mulderadweg fahren, der nahe des Flusses auf einem gut befahrbaren Feldweg ver-läuft. So oder so gelangt man zum **Wurzener Stadtwald** und folgt weiter dem Mulderadweg.

Entlang der Muldenaue

Schloss Thallwitz

In **Wurzen**, so scheint es, lässt es sich seit je gut leben. Jedenfalls weisen archäologische Grabungen in der urigen Gasse Crostigall, in der einst auch der Schriftsteller Joachim Ringelnatz zur Welt kam, eine Siedlungskontinuität von 6 000 Jahren nach. Schon 961 nennen frühe Urkunden den Namen der Muldestadt.

Wurzen nur an einem Spätnachmittag zu durchstreifen, wäre Frevel. Natürlich muss man noch einmal wiederkommen. Doch für einen kurzen Bummel durch den historisch gewachsenen Stadtkern reichen Zeit und Muße. Vom Markt mit dem Alten Rathaus und dem **Ringelnatzbrunnen** führen Gassen in alle Richtungen. Oft werden sie von Renaissance- und Barockgebäuden gesäumt, so auch die Domgasse, die zum Dom und zum Schloss geleitet (▶ Seite 81).

Der Bau des Schlosses begann übrigens, wie Schlossgraben und die einstige Zugbrücke erkennen lassen, anno 1491 noch als Wehrburg. Er endete dann aber 1497 als Bischofsresidenz. Es gilt damit als überhaupt ältestes Schloss im deutschsprachigen Raum. Heute residiert hier nun ein rustikales Hotel samt Restaurant, in dem wir unsere Tour vor der Rückfahrt vom nahen Bahnhof ausklingen lassen.

Start
Station Torgau
S4 und RE 10 abwech-
selnd stündlich ab
Leipzig Hbf.

Spaziergang

**Torgau-Informations-
Center**
Markt 1
Tel. (0 34 21) 7 01 40
www.tic-torgau.de
Nov.–Apr. Mo–Sa 10–16,
Mai–Okt. Mo–Fr 9–18.30,
Sa/So/Fei 10–16 Uhr

**Bürgermeister-Ringen-
hain-Haus**
Einzigartiges Patrizier-
wohnhaus aus dem 16.
Jahrhundert, aufsehener-
regende Innendekoration,
wertvolle Decken- und
Wandmalereien.
Breite Str. 9
Tel. (0 34 21) 7 01 40
Fr–So/Fei 10–17 Uhr
Führungen nach Voran-
meldung

Torgau

Historie auf Schritt und Tritt

**In der Renaissance-Perle an der Elbe verei-
nen sich nicht weniger als 500 Einzeldenk-
male. Die über tausend Jahre alte Stadt lag
immer wieder am Schnittpunkt wichtiger
geschichtlicher Ereignisse. Auf kleinstem
Raum lässt es sich hier so durch die Jahrhunderte stromern.**

In Torgau führen irgendwann alle Straßen zum
Markt. Wer den Bahnhof verlässt, läuft durch eine
kleine Grünanlage, dann weiter auf der Bahnhofstraße bis zum Friedrichplatz, hier links bis
zur Wittenberger Straße und auf dieser rechts,
bis sie in die Breite Straße mündet. Schon wandeln wir auf dem **Torgauer Museumspfad**. Denn
das Gebäude hinter dem Renaissanceportal in
Nr. 9 gehört zu den Höhepunkten dieser Tour.
Es schmückt das **Bürgermeister-Ringenhain-Haus**
und lässt den Gast authentisch, wie sonst nirgendwo in Mitteleuropa, in der Lebenswelt einer
Patrizierfamilie im 16. Jahrhundert versinken.

Die Breite Straße endet am Markt, direkt hinter
dem kraftvollen Renaissance-Rathaus. Angesichts
seiner Größe und Erhabenheit wird schnell nach-
vollziehbar, dass Torgau im 16. Jahrhundert als
bevorzugte Residenz der Wettiner den Charakter
einer kursächsischen Landeshauptstadt besaß. Um
den Markt scharen sich prächtige Patrizierhäuser
aus der Renaissance, jener Epoche also, da das
Mittelalter Anlauf in Richtung Neuzeit nahm.

Wer einen Nerv für alte Puppen hat, laufe vom
Marktbrunnen ein paar Schritte in die Fußgän-
gerzone. Denn in der Bäckerstraße 2 existiert das
älteste Spielwarengeschäft Deutschlands. Inhaber
Jörg Loebner plaudert gern ein paar Minuten über
seinen Urahn, den Drechslermeister Christoph
Loebner. Dessen Geschäft erwähnt die Stadtchro-
nik seit April 1685. Was er damals wohl für Kinder gedrechselt haben mag? Loebner, der ihm in
nunmehr elfter Generation folgt, fand es heraus:

Puppen mit einem Steinchen als Klapper, Kreisel, Kegel, Trommelstöcken, Pfeifen. Einiges davon hat er noch da. Der traditionsbewusste Händler gehört überdies zu den Torgauer Geharnischten. Das ist ein Verein, der sich alljährlich spätmittelalterlich kleidet, um etwa eine Stadtfehde von 1542 nachzustellen.

Die **Bäckerstraße** weiter hinunter führt zum Rosa-Luxemburg-Platz. Hier duckt sich ein schmales Renaissancegebäude zwischen größere Häuser jüngeren Datums. Erst Mitte 2010 eröffnete es als **Handwerkerhaus**. Im Grunde verkörpert es das Gegenstück zum Bürgermeister-Ringenhain-Haus. Denn es gilt als das älteste weitgehend noch originale Haus der einfacheren Torgauer Schichten. Im 17. Jahrhundert wohnten hier drei Böttchermeister und

Der Wendelstein auf Schloss Hartenfels

zwei Schornsteinfegermeister samt ihren Familien, Gesellen und Lehrbuben. Noch heute scheint das rätselhaft, wenn man die beengten Räume und schiefen Wände betritt. Zugleich prägen sich die überraschend originellen Wandmalereien ein.

Über die alte Ritterstraße gelangen wir dann zum Schloss. Unterwegs lohnt unbedingt der Blick in die spätgotische **Hallenkirche St. Marien**. Die Anfänge des Gotteshauses reichen bis 1119 zurück. Hier predigte häufig Martin Luther und hier liegt auch seine Frau begraben – doch dazu später mehr. Sehenswert sind das Gemälde „Die vierzehn Nothelfer" von Lucas Cranach d. Ä. (1505), der Passionsaltar (1509) und die reich verzierte Holzkanzel (1582). Erst 2002 wurde die Kirche neu ausgemalt. Seither strahlt sie wieder im Antlitz des 15. Jahrhunderts.

Schloss Hartenfels in seiner ganzen Opulenz erschließt sich am besten von jenseits der Elbe, dem so genannten Brückenkopf. Malerisch erhebt sich das größte vollständig erhaltene Schloss der deutschen Frührenaissance über den Uferwiesen.

Rathaus in Torgau

Nach wie vor mittelalterlich mutet es hingegen an, betritt man es über die martialische Schlossgrabenbrücke. Tief unten im Graben raufen gerade zwei Braunbären in ihrem Freigehege und am Portal tut sich zwischen vergoldeten Löwen das kursächsische Wappen auf. Ab 1486 residierte auf Hartenfels der ebenso fromme wie couragierte Kurfürst Friedrich III. Zur Erinnerung: Das war jener, der Luther bei Nacht und Nebel auf die Wartburg entführen ließ, um ihn vor den Häschern Roms zu schützen.

Der Innenhof atmet bis heute die Eleganz und Erhabenheit jener Zeit, da Friedrich das Schloss zur Hauptresidenz des ernestinischen Sachsens ausbauen ließ. Die Hofseite zählt zu den Hauptleistungen der deutschen Frührenaissance. Vornehme Fassaden und prachtvolle Erker prägen ihr Gesicht. Rätsel gibt den Experten indes bis heute der sandsteinerne **Wendelstein** auf. Ihn sollte man unbedingt mal erklimmen – und staunen. Denn die spiralförmige Treppe, die 20 Meter aufwärts ragt, trägt sich selbst, ohne jeden Stützpfeiler in der Mitte.

Die 1544 geweihte Schlosskirche gilt als erster protestantischer Kirchenneubau der Welt. In die Gewölbe unter ihr führt eine einzigartige Exkursion. Denn hier, im **Lapidarium**, plaudern steinerne Zeugen über die (Vor-)Geschichte des Schlosses. Vertiefendes liefert die Dauerausstellung „Torgau – Ein Fürstenhof der Renaissance" im Albrechtsbau. Dort erfährt man auch, dass auf Hartenfels „Daphne" von Heinrich Schütz uraufgeführt wurde – die erste deutschsprachige Oper. Einen weiten Blick ins Land erlaubt überdies nach 163-stufigem Aufstieg der Hausmannsturm, einst Domizil eines Hofnarren. Der Blick schweift auch auf jene Stelle an der Elbe, wo sich am 25. April 1945 sowjetische und amerikanische Truppen trafen. Bis heute gedenkt ein jährlicher Elbe Day des Schulterschlusses.

Zur Innenstadt zurück wähle man die Schlossstraße und zweige dann rechts in die Katharinen-

Schloss Hartenfels
Schlossausstellung
„Torgau – Ein Fürstenhof der Renaissance"
Tgl. 10–18 Uhr

Hausmannsturm
53 m hoch, Plattform mit toller Aussicht.
Tgl. 10–18 Uhr

Kellergewölbe (Lapidarium)
Sa/So 10–16 Uhr

Café im Schloss
Tel. (01 60) 94 65 52 71
Sa/So 13–17 Uhr

Stadt- und Kulturgeschichtliches Museum
Historisch wertvolle Exponate in der früheren Kurfürstlichen Kanzlei
Wintergrüne 5 (direkt am Schloss)
Tel. (0 34 21) 7 01 40
Fr–So/Fei 10–18 Uhr
Führungen nach Voranmeldung

straße ab. So gelangt man zur Katharina-Luther-Stube. Diese huldigt der Gemahlin des Reformators aus gutem Grund. Denn Torgau war nicht nur die erste Station, die die damals 24-jährige Nonne nach ihrer Flucht aus dem Kloster erreichte. Es war zugleich ihre letzte Station. Denn als sie 1552 auf der Flucht vor der Pest von Wittenberg nach Torgau wollte, verunglückte ihre Kutsche. Sie brach sich das Becken und starb drei Wochen später, am 20. Dezember 1552.

Ganz anderer Couleur ist das **Braumuseum** in der Fischerstraße, südlich des Marktes. Das stattliche Renaissance-Bürgerhaus beherbergt seltene Brau- und Malztechnik und hält so die Torgauer Braukunst seit dem 15. Jahrhundert lebendig. Zu beeindrucken wissen auch die in den Fels getriebenen Keller. Die frühere Schankstube zieren schöne Malereien.

Abrundend empfiehlt sich ein Spaziergang ins Grüne, etwa zum **Naturschutzgebiet Großer Teich**. Der liegt gleich südlich der Stadt. Man orientiere sich in Richtung Riesa (Dahlener Straße). Der See ist ca. 3 Kilometer vom Stadtzentrum entfernt.

Braumuseum
Historisches Brau- und Malzhaus (15./16. Jahrhundert), große Braukelleranlage, mittelalterliche Felsenkeller.
Fischerstr. 11
Tel. (0 34 21) 7 01 40
Fr–So/Fei 10–17 Uhr
Führungen nach Voranmeldung

Restaurant Herr Käthe
Altstadtlokal mit rustikalem Kellergewölbe, (alt-)deutsche Küche mit internationalem Touch, witzige Gerichte: Beschwipster Ochse, Verschärftes Gegrunze.
Katharinenstr. 4
Tel. (0 34 21) 77 86 65
www.herrkaethe-torgau.de
Tgl. ab 11.30 Uhr

Schloss Hartenfels

Osten

Westbruch und Kohlenberg bei Brandis
▸ Seite 83

Taucha

Engelsdorf 168 🅿️ RE 50

Borsdorf Gerichsha

Paunsdorf

Engelsdorf
Werkstätten

Beucha 🅿️ 684

Mölkau 168

Start
Station Borsdorf
S1 alle 30 Min., RE 50
und RB 110 stündlich
ab Leipzig Hbf.

Radtour
Borsdorf – Panitzsch –
Cunnersdorf – Ge-
richshain – Brandis –
Zeititz – Altenhain –
Bennewitz – Schmölen
(Fähre) – Dehnitz-
Wurzen

Länge
28 km

Rückfahrt
Station Wurzen
S1 alle 30 Min. und
RE 50 stündlich nach
Leipzig Hbf.

Karte ▸ Seite 80

Gaststätte Zur Kastanie
Tradition seit 1811, nach
mehreren Besitzerwech-
seln heute Top-Adresse
der Region, Biergarten
unter einer Kastanie, gute
deutsche Küche.
Leipziger Straße 26
04827 Gerichshain
Tel. (03 42 92) 7 51 76
www.gasthof-kastanie.de
Mo–Do 12–22, Fr/Sa 12–24,
So/Fei 12–22 Uhr

Borsdorf – Wurzen

Historische Fährten

**Die 1050-jährige Dom- und Ringelnatz-Stadt
Wurzen ist Endpunkt dieser Radtour durch
das westliche Muldental. Teiche und Wälder,
alte Schlösser und Kirchen säumen unseren
Weg, an dessen Ende uns allerlei spöttelnde
Stabreime erwarten.**

Wir radeln vom Borsdorfer Bahnhof die Rathaus-
straße hoch bis zur Leipziger Straße, queren diese
und kommen so in die Nordstraße. Ab hier geleitet ein ausgeschilderter Radweg durch eine Neu-
bausiedlung und unter der Schnellstraße hindurch
in einen schönen Grüngürtel. Schafe grasen am
Rand, vielleicht treffen wir auch ein paar Reiter.
Dass wir in einem pferdesportträchtigen Revier
sind, merken wir heute noch häufig. So wenn wir
auf grün gefasster Piste **Panitzsch** umradeln, bis
uns der Radweg am Dorfteich über die Borsdorfer
Straße hinweg halblinks in die Sehliser Straße
leitet. Nun erstrecken sich gleich mehrere Pferdekoppeln entlang der Straße. An einer dreiarmigen
Kreuzung halten wir uns rechts nach **Cunnersdorf**. So erreichen wir einen kleinen Teich, den
prächtige Trauerweiden säumen. Flugs also die
Vesperbrote ausgepackt!

Hernach geht es auf dieser Straße, die nun
nur noch ein Feldweg ist, weiter bis zur nächsten Dreierkreuzung. Wir biegen rechts in den
Pehritzscher Weg, lassen den Wachtelbach hinter
uns, sehen auch hier immer mal Pferde und müssen dann kurz kräftiger treten: Die Strecke kreuzt
die neue B 6. Dann rollen wir durch Felder nach
Gerichshain. An der Hauptstraße halten wir uns
ein paar Meter rechts und biegen am Feuerwehr-
haus links nach Brandis ab. Unter dem Bahnhof
hindurch verlassen wir bald wieder das Dorf – es
sei denn, wir steigen zuvor in der sehr empfeh-
lenswerten „Kastanie" ab.

Ein Radweg parallel zur Straße bringt uns in
das fast 900-jährige **Brandis**. Hinterm Eigenheim-
gebiet müssen wir nach rechts und dann stur geradeaus. So umfängt uns bald der sanierte Markt.

Ein Wasserspiel aus Granit lädt am Rathaus zum Verweilen. Vor uns haben wir nun das barocke Schloss von 1727. Errichten ließ es ein Freiherr Kraft Burchhard von Bodenhausen. Heut dienen die restaurierten Wirtschaftsflügel als Wohnanlage. Über die Seitentür vis-à-vis des Supermarktes betreten wir den Innenhof. Noch immer wirkt das Schloss mondän. Doch so wie der einst prächtige Park langsam zuwuchert, nagt auch an der barocken Fassade der Zahn der Zeit.

Am Markt in Brandis

Vom Markt radeln wir nach links, am Buchladen vorbei, in die rustikal gepflasterte Hauptstraße. Wer mag, besichtige zuvor die linker Hand etwas versteckte barocke Stadtkirche von 1703. Ihr 45 Meter hoher Turm prägt weithin die Silhouette von Brandis. Am Ende der Hauptstraße geht es rechts in die Grimmaische Straße und bald wieder links in die Waldstraße. Hinterm Friedhof beginnt dann tatsächlich Wald. Der Weg wird etwas schlechter. Er führt bis zum früheren Flugplatz, vor dem wir links abbiegen. So kommen wir zu einer Kreuzung. Wir nehmen die Straße nach rechts. Sie schlängelt sich entlang der Kasernenmauer und nach einer Linkskurve – vorbei am Mittelholz – geradewegs nach Zeititz. Ein Radweg umrundet rechts das Dorf und mündet zwischen Teichen in die Straße, die uns durch das dichte Schulholz nach **Altenbach** bringt.

Der Stolz des Dorfes ist die romanische Dorfkirche aus dem frühen 13. Jahrhundert. Vor der S-Bahn müssen wir nach rechts, Richtung **Bennewitz**. An der Teeplantage nennt sich recht exotisch diese Straße. Doch es sind erneut rassige Pferde, die hier auf den Wiesen grasen. In Bennewitz fahren wir bis zur Leulitzer Straße, biegen kurz rechts und sofort wieder links in die Schmölener Straße. Erneut tauchen wir damit in Wald ein. Wo er sich wieder lichtet, haben wir fast die Mulde erreicht. Mangels Brücke nehmen wir die **Fähre**, die auch Fahrräder von Schmölen nach Dehnitz übersetzt. Fährfrau ist übrigens die nette

**Restaurant & Café
Am Schloss**
Deutsche Hausmannskost, selbstgemachte Kuchen und Torten.
Beuchaer Str. 2a
04821 Brandis
Tel. (03 42 92) 7 20 09
Mo–Di nach Vereinbarung, Mi–So ab 11 Uhr

Fähre Dehnitz
Apr.–Okt. Sa/So 14+16 Uhr sowie nach Vereinbarung (auch unter der Woche), Sonderfahrten auf Voranmeldung. Am sichersten „fährt" man, wenn man von der Schmölener Seite aus die Wirtin anruft, sie holt einen ab.
Tel. (0 34 25) 81 15 55

Gaststätte Fähre Dehnitz
Solide sächsische Fährmannskost zu fairen Preisen, Wirtin betreibt auch die Fähre, Verleih von Ruderbooten.
Am Mühlbach 20
04808 Wurzen
(OT Dehnitz)
Tel. (0 34 25) 81 15 55
www.faehrhaus-wurzen.de
Di–So ab 11 Uhr

Wirtin der Fährgaststätte. Sollte die Fähre einmal nicht fahren, bleibt uns nur die Route über die Bundesstraße nach Wurzen.

Die letzten 2 Kilometer nach **Wurzen** folgen wir dem Mulderadweg, aber nur bis zur Damaschkestraße. Hier bleiben wir auf dem Dehnitzer Weg, biegen an der Schule links in die Carl-Magirius-Straße und halten stramm Kurs, bis wir linker Hand den Crostigall erreichen. Die irgendwie pittoreske Kopfsteinpflastergasse ist die Keimzelle Wurzens. Um 1700 entstand sie als durchgehender Straßenzug und blieb dergestalt bis heute so erhalten, wie sie auch ein gewisser Hans Gustav Bötticher anno 1883 als Bub erlebte. Der kam im Haus Crostigall 14 zur Welt – um „11 ¾" Uhr in einem Zimmer über dem Flur, wie die Hebamme notierte. Und obwohl er in Wurzen nur das Vorschulalter erlebte, brachte er es zum bekanntesten Sohn der Stadt – als Dichter und Kabarettist Joachim Ringelnatz.

Einen ganzen Ringelnatzpfad widmet die Stadt ihrem großen Spross. Er führt zu 13 Punkten der Altstadt, so dem Ringelnatzbrunnen am Markt und dem Stadtmuseum, wo er beginnt. Eine Stele an jeder Station trägt des Dichters Konterfei, ergänzt um einen Auszug aus einem seiner oft derb spöttelnden Stabreime. Das Museum, das in Wurzens schönstem Bürgerhaus in der Domgasse 2 residiert, zeigt überdies die erste ständige

Sammlung, die in Deutschland dem Schöpfer des „Kuttel Daddeldu" gewidmet ist.

Über enge Gassen und Stiege erreichen wir vom Crostigall den **Domplatz**. Fast scheint vergessen, dass in Wurzen einst ein Bischof residierte. Doch mit der Reformation war damit Schluss. 1581 verließ der letzte die Stadt und damit das anheimelnde Schloss neben dem Dom, das Vorgänger Johann VI. von Saalhausen aus den Groschen seiner Schäfchen bauen ließ. Es gilt mit dem Wendelstein und dem aufwändigen Zellengewölbe als überhaupt ältestes deutsches Schloss.

Die spätgotische Wohnburg ist heute ein Hotel. Der 1114 geweihte Dom St. Marien hingegen gilt trotz wiederholter späterer Umbauten als ansehnlicher Zeuge romanischer Baukunst. Einer seiner barocken Türme darf erklommen werden. Seine Orgel klingt täglich zu Fugen und Sonaten und innen prahlt er mit einer ausdrucksstarken Kreuzigungsgruppe. Da kann die **Stadtkirche St. Wenceslai** auf dem nahen Sperlingsberg nur neidisch sein. Chroniken erwähnen sie zwar auch 1275. Doch genau 700 Jahre später, Heiligabend 1975, erlebte sie ihren für lange Zeit letzten Gottesdienst. Schwamm und Fäule hatten ihr zu arg zugesetzt. Der 52 Meter hohe Turm ist bereits wieder öffentlich zugänglich.

Kulturhistorisches Museum Wurzen
Kunst- und Kulturgeschichte der Stadt, einzigartige Ringelnatz-Sammlung, jährliche Sonderausstellungen aus dem reichen Ringelnatz-Fundus, Museumsshop mit Ringelnatz-Büchern/CDs.
Domgasse 2
Tel. (0 34 25) 92 66 53
Mo–Fr 10–13 und 14–18, Sa/So 11–16 Uhr

Dom St. Marien
Domplatz
Tel. (0 34 25) 9 05 00
www.dom-zu-wurzen.de
Apr.–Okt. tgl. 10–17 Uhr, Ostern–Okt. Mo–Sa 10–18 Uhr, So (nach Ende des Gottesdienstes) bis 18 Uhr, Nov.–Ostern Sa/So ab 10 Uhr bis Einbruch der Dunkelheit

Borsdorf Gerichshain

Beucha **684** Brandis

168 RB 110

Holzhausen

Liebertwolkwitz Naunh

Beucha – Bennewitz

Durchs westliche Muldental

Alle Reize zwischen Beucha und Bennewitz auf einer Tour, die fast nur durch Wald und immer wieder zum Wasser führt, Berge erklimmt und auch Paddelstege, reinrassige Pferde und schöne Lokale nicht auslässt.

Start
Station Beucha
RB 110 stündlich ab
Leipzig-Hbf.

Rad- oder Wandertour
Beucha – Albrechtshainer See – Waldsteinberg – Kohlenberg – Brandis – Polenz – Planitzwald – Bennewitz

Länge
20 km

Rückfahrt
Station Bennewitz
S1 alle 30 Min. nach
Leipzig Hbf.

Karte ▶ Seite 85

Kletterwald Leipzig (Albrechtshain)
Direkt am Albrechtshainer See (Autobahnsee), ca. 2 ha Fläche, 11 Parcours mit über 80 Kletterelementen. Am Albrechtshainer See 1 Tel. (03 42 93) 4 42 00 www.kletterwald-leipzig.de Fr 13–18, Sa/So/Fei 10–18, Mo–Do auf Anfrage, während der Schulferien in Sachsen, Sachsen-Anhalt und Thüringen tgl. 10–18 Uhr

Wir beginnen unsere nicht ganz kurze Rad- bzw. auch Wandertour am Bahnhof in **Beucha**. Bevor wir aber Richtung Osten aufbrechen, lohnt zuvor ein Rundgang zu den Attraktionen von Beucha.

Über die August-Bebel-Straße geht es ca. 500 Meter in westlicher Richtung, bis rechts ein Weg zum Kirchbruch auftaucht. In diesen eingebogen, gelangt man schnell zum Hochufer und erblickt auf einem Hügel über dem Gewässer die wichtigste Sehenswürdigkeit der Region: die **Wehrkirche** von Beucha. Wie gemalt thront sie auf einem Felssporn über dem Kirchbruch. Selbst internationale Reiseführer erwähnen das kleine Gotteshaus, dessen älteste Teile – Turm und Sakristei – fast 1 000 Jahre alt sind. Seit 2006 ertönt auch wieder ihre restaurierte Orgel. Um die Kirche zu besichtigen, führt der Weg über den Kirchberg.

Weiter geht es über die Dorfstraße und die Kleinsteinberger Straße in südlicher Richtung zum **Albrechtshainer See**, besser bekannt als Autobahnsee. Er sei uns einen längeren Stopp wert, gleich ob zum Baden, Picknicken, für eine Ruderpartie oder eine kleine Klettertour im **Hochseilgarten**. Letzteren erreichen wir ebenso wie den Bootssteg entlang des rechten Uferweges. In einem Imbiss mit einer etwas spartanischen Terrasse direkt neben dem Bootsverleih lässt sich auch der Durst stillen.

Nach einer Seerunde halten wir uns in Beucha rechts auf Kleinsteinberg, passieren Schienen und biegen nach der „Little Stone Hill Ranch" links ab. Vor der verwaisten Bahnstation Beucha-Ost geht es rechts in den Ammelshainer Weg, von dem wenig später links der Forstweg abzweigt.

Den durchmessen wir in seiner ganzen Länge, queren am Ende die Straße zwischen Brandis und Waldsteinberg und gelangen so nach einem leichten Rechtsschlenker in den Rotkehlchenweg. Durch den strampeln wir hinauf bis zur Naunhofer Straße.

Wer schöne Aussichten mag, akzeptiere einen kleinen Umweg nach rechts. Denn wenig später führt ein spitzsteiniger Weg links zum 179 Meter hohen **Kohlenberg** hinauf. Das Rad bleibe darum lieber unten an einem Baum stehen. Vom Rande eines tiefen Kraters, des **Westbruchs**, den wir oben erreichen, kann der Blick weit ins Land wandern. Noch das Völkerschlachtdenkmal lässt sich ausmachen.

Vom Hochplateau aus schließt sich auch schöner Wanderwald an. Für Radler ist er aber eher ungeeignet. Wer jedoch per pedes den Hügel durchlaufen will, orientiere sich an einem der nach links steil abwärts führenden Waldwege in Richtung Fachklinikum oder Ostbruch. Denn beides erreichen wir auch im Sattel, wenn wir – zum Rad zurückgekehrt – auf der Naunhofer Straße nun entgegengesetzt bis zum **Kohlenbergteich** rollen und unmittelbar davor rechts den etwas urwüchsigen Uferweg wählen.

Am Ende des Teichs geht es schließlich rechts über ein Brücklein zur schön gelegenen Klinik. Hinter dieser verläuft die Bergstraße, in die wir

Die Wehrkirche von Beucha thront auf einem Felsen über dem Kirchbruch

Eiscafé Lilly Vanilly
Das beste Eis in ganz Nordwestsachsen und vermutlich noch weiter! Naunhofer Str. 30
04821 Waldsteinberg
Tel. (03 42 92) 86 97 86
www.lilly-vanilly.de
Apr.–Mitte Okt. Di–So 13–19 Uhr, in den Wintermonaten bis 18 Uhr

Restaurant Waldschänke
(im Waldhotel Fischer)
Gute Küche (deutsch und international), gemütliches Ambiente. Bei Hochbetrieb etwas längere Küchen(warte)zeiten einplanen.
Naunhofer Str. 4
04821 Waldsteinberg
Tel. (03 42 92) 42 40
www.waldhotel-fischer.de
Mo–So 11–22 Uhr

Seeidyll im Brandis-Naun-
hofer Forst

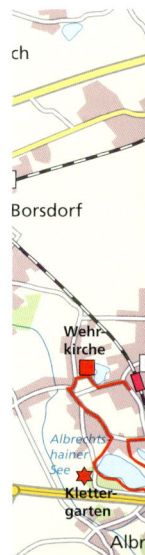

rechts einbiegen. Am Waldrand halten wir uns
links und gelangen so über arg buckeliges Pflaster
auch zum **Ostbruch**. Mit etwas Glück entdecken
wir ein paar Kammmolche.

Der Weg zu dem Granitbruch umrundet eine
kleine Gartensiedlung, an deren Ende rechts etwas versteckt das Biotop liegt. Geradeaus geht es dann wieder in den
Brandiser Forst zurück. Schon an
der ersten Gabelung halten wir uns
jedoch links, folgen also nicht dem
grün markierten Wanderweg und
stoßen so auf einen fast verwaisten
Schienenstrang mitten im Wald. Den
müssen wir überqueren – also be-
herzt die Räder in die Hand genommen – und kurz darauf rechts über
ein etwas marodes Brückchen balancieren. So gelangen wir am Feldrand
entlang zum einstigen **Brandiser
Waldbad**. Das lädt auch noch zum
Baden ein. Nur ein Schwimmmeister
wacht nicht mehr darüber – allenfalls die Angler, die sich hier ein
friedvolles Refugium schufen.

Am Anglerheim vorbei umrunden wir den See etwa zur Hälfte, bevor ein schmaler Weg wieder rechts in schönen lichten Wald führt. Er endet an einem Feld, an dem wir uns erneut am Waldrand immer links halten. So kommen wir nach **Polenz**. Der Weg führt am Teich vorbei zur Klingaer Straße. Hier müssen wir ein kleines Stück nach links, um dann gleich wieder rechts die schmale Trebsener Straße zu nehmen. Als Orientierung diene die Ausschilderung zum Gestüt „Ganaderia El Camino Andaluz". In dem werden, wie der Name andeutet, reinrassige spanische Pferde gezüchtet.

Der Weg führt zunächst durch Felder, die von Alleebäumen flankiert werden. Nach 2 Kilometern mündet er wieder im Wald. Der nennt sich nun **Planitz** und empfiehlt sich mit gut 2 000 Hektar als das größte zusammenhängende Forstrevier im westlichen Muldental. Entsprechend ist er auch gut ausgeschildert. Wir orientieren uns an der ersten Wegekreuzung geradeaus, pilgern so nun auf dem gelben Weg, den wir erst wieder am Schutzpilz an der Sechs-Wege-Kreuzung verlassen. Denn hier fließt er quasi in den vereinigten Muldental-Wanderweg und Mulderadweg, die beide von rechts hinzustoßen. Weiter nordwärts und damit weiterhin geradeaus gelangen wir so über den Planitzweg nach etwa 4 Kilometern nach **Bennewitz**.

Gasthof & Pension Bennewitz
Seit über 100 Jahren Traditionsgaststätte mit überdurchschnittlich guter sächsischer Landkost und gemütlichem Ambiente. Innen schön saniert, vor allem der sehenswerte Saal. Eigene Pension. Direkt an der B6.
Leipziger Straße 15
04828 Bennewitz
Tel. (0 34 25) 85 44 69
Tgl. ab 11 Uhr

Start
Station Machern
S1 alle 30 Min. ab
Leipzig Hbf.

**Rad- oder
Wandertour**
Machern – Lübschützer
Teiche – Püchau –
Mulderadweg

Länge
13 km

Rückfahrt
Station Bennewitz
oder Altenbach S1 alle
30 Min. nach Leipzig
Hbf.

Karte ▶ Seite 89

Machern – Püchau

Tour der Kontraste

**Einer der schönsten deutschen Landschafts-
parks, ein Bunker aus Kalte-Kriegs-Zeiten
und Sachsens ältestes Dorf bilden den Span-
nungsbogen dieser beschaulichen Radrunde,
die sich auch problemlos zu Fuß bewältigen
lässt.**

Kaum haben wir die Bahn in Machern verlassen, wird uns gewahr, wie dicht gerade bei den
Errungenschaften der Moderne Segen und Fluch
verbandelt sind. Wie froh und stolz waren doch
die Macherner, als die Leipzig-Dresdner Eisen-
bahn-Compagnie beim Bau der ersten deutschen
Ferneisenbahnstrecke anno 1839 auch bei ihnen
einen Bahnhof errichtete. Denn das reichsgräf-
liche **Schloss Machern**, das sich in einen wunderschönen Landschaftsgarten bettet, galt schon
dazumal als beliebtes Ausflugsziel für besser be-
tuchte Messestädter. Doch der Bau des Schienen-
strangs zeigte bald auch seine Kehrseite: Er grub
dem Wasserschloss das Wasser ab. Der Schlossgraben trocknete aus. Auch die Pflanzenwelt im
Park veränderte sich.

Knapp zwei Jahrhunderte später zeigt sich
jedoch: Das dreiflügelige barocke Palais, dessen
Wurzeln Experten ins frühe 16. Jahrhundert da-
tieren, wie auch der englische Park berauschen
noch immer die Sinne. Das mag auch daher rüh-
ren, dass Schloss Machern das erste im damaligen
Bezirk Leipzig war, das nach der Einheit komplett
saniert war. So bietet es ein höchst reizvolles Ambiente für Feste, Feiern und Konzerte. Nicht zuletzt Hochzeiten sind hier gut nachgefragt, zumal
in der schön gestalteten historischen Rittestube
ein Standesamt einzog.

Ein Juwel bildet vor allem der sentimental-
romantische **Park**. Ihn erreicht man vom Bahnhof
(nach Queren der B 6) über die Dorfstraße und
kurz darauf rechts abzweigend die Schlossgasse.
Carl Heinrich August von Lindenau, der letzte
auf Machern residierende Reichsgraf, ließ ihn
Ende des 18. Jahrhunderts anlegen. Vorbild war

Schlosshof in Püchau

erkennbar der Park in Wörlitz. Heute zählt das 34 Hektar große Refugium zu den besterhaltenen Gartenräumen seiner Art in Deutschland. Dichte Waldabschnitte wechseln mit hellen Lichtungen und militärisch exakten Baumalleen. Breite Uferwege umsäumen den künstlich angestauten Schwemmteich. Bemerkenswerte Gebäude widerspiegeln das Sehnen der damaligen Zeit nach Empfindsamkeit und Aufklärung, so eine Pyramide, der Hygieia-Tempel und die imposante **Ruine der Ritterburg**.

Entschließen wir uns irgendwann doch zum Weiterziehen, sollten wir uns nordwärts orientieren. Dazu verlassen wir den Park am besten wieder am Schlossplatz. Wir halten uns auf der Dorfstraße rechts, bis sie in die Bergstraße mündet, folgen dieser nach rechts und biegen wenig später links in den Plagwitzer Weg ab. Der führt – vorbei am Golfplatz – geradewegs ins waldigurige Gotenholz. Zumindest ist das die beste Route für Radler. Zu Fuß kann man auch den nächsten Siedlungsweg nach links nehmen. Letztlich führen aber alle Waldpfade zu den **Lübschützer Teichen**.

Die kleine Gewässerkette zwischen dem Gotenholz und ausgedehnten Feldern erkoren die Leip-

Restaurant im Schloss Machern
Erlesene Gerichte wie auch kleine Naschereien, die in Stil, Auswahl und Zubereitung dem Ambiente des Hauses gerecht werden, zumeist aber bezahlbar bleiben.
Schlossplatz 1
Tel. (03 42 92) 80 90
www.schlossmachern.de
Tgl. 8–10 und 17–22.30,
Sa/So ab 11 Uhr

**Gaststätte
Lübschützer Teiche**
Preiswerte, anheimelnde
Ausflugsgaststätte, die
auch gern für Familienfei-
ern gebucht wird. Direkt
am See.
Tel. (0 34 25) 81 47 84
www.gaststaette-lueb-
schuetzer-teiche.de
Mai–Sep. Mo–Sa 10–22, So
10–20 Uhr,
Okt.–Apr. Di–Fr 11–15, Sa/
So 10–20 Uhr

Bunker Lübschützer Teiche
Die einzigartig erhal-
tene Anlage eines DDR-
Führungsbunkers aus den
1970er-Jahren befindet
sich direkt unter der
Gartenanlage. Heute ist
sie Teil des Leipziger Stasi-
Museums „Runde Ecke".
Waldgartensparte, Flur-
stück 439
Tel. (03 41) 9 61 24 43
Reguläre Führungen stets
am letzten Sa+So im Mo-
nat 13–16 Uhr

ziger schon früh zu einem ihrer Ausflugsziele. Bis
heute haben viele Dauercamper und Angler hier
ihr Revier zwischen Strandgaststätte, Liegewiese,
Volleyballfeld und Bootssteg. Über allem liegt ein
wenig der Charme einer fast vergessenen proleta-
rischen Zeit, als Naherholung noch weniger Glanz
und Gloria atmen musste und die Bockwurst zur
Semmel 85 Pfennige kostete (das Glas Bier gar
nur die Hälfte). Und so sehr viel teuer ist es denn
auch heute noch nicht, dafür authentisch gemütlich in der Ausflugsgaststätte gleich am Wasser.

Schlagzeilen hatten die Lübschützer Teiche
gleich nach der Wende gemacht, als bekannt
wurde, dass sich in der angrenzenden Waldgartensparte eine ausgedehnte **Bunkeranlage** befand.
Das Relikt des Kalten Krieges – zwischen 1968
und 1972 in den Waldboden getrieben – befand
sich gut getarnt unter einem Ferienheim. Im Falle
eines zum Glück nie eingetretenen Falles wären hier die Partei- und Geheimdienstoberen des
Bezirkes Leipzig abgetaucht, um weiter an den
Strippen ziehen zu können. Nicht weniger als 120
Menschen hätten hier unten Platz gehabt.

Am rechten Ufer des westlichsten Lübschützer
Teiches vorbei führt schließlich der Weg weiter
nordwärts. Es geht durch Felder, bis wir uns nach
gut einem Kilometer an einer Wegkreuzung erst
rechts und bald wieder links halten müssen. So
erreichen wir das Dörfchen **Plagwitz**. Das passieren wir und biegen am letzten Hof rechts auf
Püchau ab. Wir nähern uns damit dem ältesten
urbanen Flecken Sachsens. Zumindest ist kein Ort
des Freistaates urkundlich älter als das Dorf, das
entsprechend mit einem uralten Schloss punktet.
Seine Geschichte reicht bis ins Jahr 924 zurück.
Damals verlieh Heinrich I. dem als Burgwardmit-
telpunkt bezeugten Ort besondere Privilegien.

Wer auf historische Windmühlen steht, zweige
indes noch vor Püchau kurz links auf die B 107
ab. Von Ferne sieht man hier schon zur Linken
den **Turmholländer**, wie er sich auf einem Hügel
aus den Feldern erhebt. Innen lässt er sich nicht
besichtigen, da er heute als Wohnhaus dient.

Im **Püchauer Schlosshof** schließlich sollte man
die Augen offen lassen. Vielleicht erspäht man
dann Heinrich von Taube, dereinst kurfürstlich-

sächsischer Oberkammerherr und Hofmarschall. Ihm gehörte Mitte des 17. Jahrhunderts das irgendwie märchenhaft verwunschen wirkende Anwesen. Von Taube steht in einer ganzen Reihe bedeutender Blaublüter, die einst auf Püchau lustwandelten – so wie heute der Leipziger Gastronom Lothar P. Goldhahn, der nun mit Gattin Benita hier wohnt und zuweilen in das Kostüm seines Vorgängers schlüpft. Das Paar lebt hier Geschichte und lässt daran auch seine Gäste teilhaben. In den diversen Sälen betreibt es ein Restaurant, in dem sich der Ankömmling wie im Museum fühlt – so etwa am lodernden Kaminfeuer im Wappen- oder Bildersaal.

Das Schloss wird von einem großen Landschaftspark umfasst, der ebenfalls unter Denkmalschutz steht. Rechts des Schlosskomplexes führt schließlich die Auenstraße abwärts in Richtung Mulde. Knapp 2 Kilometer später stößt der Weg auf eine Alternativroute des Mulderadweges. Hier halten wir uns erneut rechts und gelangen so über **Neppernitz** und **Grubnitz** nach **Deuben**, wo wir noch einmal wählen können: halblinks nach **Bennewitz** oder rechts nach **Altenbach**. So oder so – eine Bahnstation für die Rückfahrt bieten beide Orte.

Schloss Püchau
Das teilrestaurierte Schloss in Sachsens ältestem Ort bietet mit Wappensaal, Marmorsaal und Bildersaal sowie dem toskanisch anmutenden Schlossinnenhof ein außergewöhnliches gastronomisches Ambiente. Neben sächsischen Spezialitäten und rustikalen Ritteressen bietet das Gastwirtspaar auch regelmäßige Schlossführungen sowie Lesungen an.
Schlossstr. 20
Tel. (0 34 25) 81 69 48
www.schloss-puechau.de
Apr.–Okt. Sa/So/Fei 11–18 Uhr und nach Vereinbarung

Start
Station Kühren
RE 50 stündlich ab
Leipzig Hbf.

Radtour
Kühren – Wermsdorfer
Wald – Collm – Oschatz

Länge
27 km

Rückfahrt
Station Oschatz
RE 50 stündlich nach
Leipzig Hbf.

Karte ▸ Seite 92

Wermsdorfer Wald

Der Collm zeigt den Weg

Kühren – ist das nicht das Dorf mit dem Elefanten? Selten identifiziert man einen Ort so sehr mit einem kleinen Denkmal in seiner Mitte. Von hier radeln wir auf langer Strecke durch wildreiche Forste, passieren Teiche, mittelalterliche Wüstungen und entern nebenher Westsachsens höchsten Gipfel. Ziel und Höhepunkt bildet das schöne Oschatz.

In **Kühren** führt die Großwildfährte über die Alte Bahnhofstraße schnurstracks zum legendären **Elefanten**. Der planscht in der Dorfmitte friedlich in einem Brunnen und wirkt so gar nicht wie ein Untier. Für ein solches hielt ihn jedoch 1888 ein offenbar trunkener Bauer. So brannte er ihm eine Ladung Schrot auf den Pelz. Dabei war es nur ein Heißluftballon, der bei einem Gartenfest aufgestiegen war. Die Sache geriet in Vergessenheit, bis sich genau 88 Jahre später eine Stammtischrunde des „ermordeten Elefanten" erinnerte. Und in erneut bierseliger Stimmung beschloss man, ihm ein Denkmal zu setzen. Nun steht schon das zweite Rüsseltier vor dem Dorfgasthof. Doch irgendwie hat der nun etwas Disneyhaftes.

Vom Dickhäuter rollen wir ein Stück die B 6 entlang, verlassen sie aber am Dorfteich rechts über einen leichten Anstieg zum Bäckerberg hinauf. So erreichen wir **Streuben**, wo wir uns links orientieren. Der **Wermsdorfer Forst** ist bereits ausgeschildert. Am Waldrand müssen wir an der ersten Vierarmkreuzung nach rechts und bald wieder links – auf einem guten Weg zu einem Damm. Der verläuft unmittelbar zwischen **Reiherteich** (links) und **Doktorteich**. Wenn wir leise sind, entdecken wir auch ein paar Graureiher im silbrig glänzenden Wasser – einen Doktor freilich nicht.

Wir wählen den grünen Weg rechts des Doktorteichs und radeln weiter zum nächsten Gewässer, an dessen linkem Ufer wir weiterfahren. Das nennt sich gleich **Drei Teiche**, denn einst durchzogen es zwei Dämme. Der südlichere existiert noch, so nehmen wir ihn auch. Er geleitet uns nach ei-

Wüstes Schloss Osterland

ner Brücke einen Hügel hinauf, wo wir auf uraltes Gemäuer treffen: den rekonstruierten Grundriss einer Wehrkirche um 1200. Südwärts lässt sich zwischen Bäumen der **Kirchenteich** ausmachen. Auch er wurde erst im Mittelalter ausgehoben. Nennewitz nennen alte Karten diese Wüstung. Es gab da Hausstellen, eine Grubenköhlerei, eine Pechsiederei und sogar eine kleine Burg. Sie erreicht man über einen Trampelpfad, der sich ein Stück bergab des Weges rechts in den Wald zieht. Mit Glück trifft man Archäologen der Oschatzer Friedrich-Gustav-Klemm-Gesellschaft, die hier jeden Sommer in die regionale Urhistorie vordringen. Gern beantworten sie auch Fragen.

Dann fahren wir auf dem grünen Weg am Südufer des Kirchenteichs weiter. Bevor es weiter zum **Zeisigteich** geht, halten wir aber links auf eine Schutzhütte zu. Wir sind nun auf dem blauen Weg und folgen ihm immer geradeaus durch pilz- und beerenreichen Mischwald bis zu einer wenig befahrenen Nebenstraße. Hier geht es nach rechts und dann – wie mit dem Lineal gezogen – kilometerlang der Nase nach. Wir strampeln nun über historisches Jagdterrain. Denn August der Starke hatte das gradlinige Wegesystem einst für die Parforcejagd zu Pferde anlegen lassen. So ließen sich

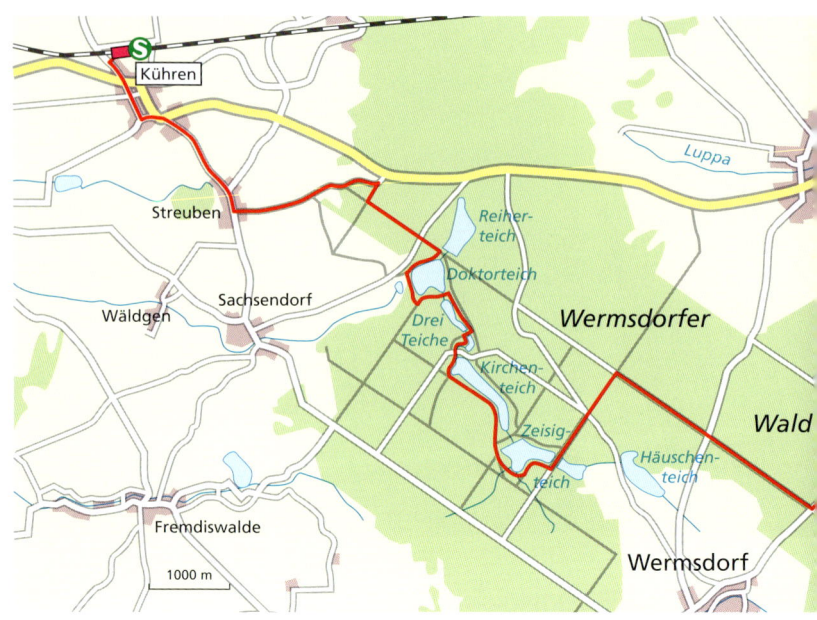

Hirsch, Sau & Co. mit Hundemeuten besser hetzen.

Wenn die Straße den breiteren Calbitzer Weg kreuzt, biegen wir in diesen links ein und vier Wegkreuze später rechts in den Butterweg. Mehrere Routen weisen nun zum **Collm**. Wählen wir den gelben Weg, wird das zwar länger, wir streifen aber den lauschigen **Silbersee**. Zurück auf der Straße, lässt sich bald links hinter Feldern auf dem Collm der **Albertturm** ausmachen. In seiner Stumpfheit wirkt er ein wenig wie der Wohnsitz von Rapunzel. Dennoch machten ihn seine 314 Meter zum höchsten Punkt des ehemaligen Bezirkes Leipzig.

Per Drahtesel erreichen wir den Gipfel über eine gepflasterte Serpentine. Dazu radeln wir in das gleichnamige Dorf und nehmen an einer Dreierkreuzung einen Fahrweg links nach Calbitz. An einem Parkplatz geht es erneut links zum Albertturm hoch. Der Anstieg treibt den Schweiß, doch so spüren wir, dass der Berg nur die Spitze eines 3 Kilometer langen Höhenzugs bildet. Rotbuchen, Traubeneichen und Nadelbäume liefern indes eine angenehme, schattige Kulisse.

Gasthof Collm
Kirchberg 1
Tel. (0 34 35) 9 35 99 97
Mi–Fr ab 12, Sa ab 11,
So ab 10 Uhr

Schon seit 1854 krönt der 18 Meter hohe Turm den zur Eiszeit aus Sandstein und Grauwacke geformten Fels. Benannt ist er nach dem damaligen Prinzen und späteren sächsischen König Albert. Der 64 Meter hohe Richtfunkturm ging dagegen erst 1962 in Betrieb. Der Albertturm lässt sich frei besteigen. Von seiner Spitze blickt man auch auf die beiden kleineren Brüder des Collms, den Windmühlenberg (248 m) mit seiner flügellosen Bockwindmühle und den Schlangenberg (228 m).

Vom Collm rollen wir in das Dorf zurück. Wer mag, verneige sich noch auf dem Friedhof vor einer 1 000-jährigen Linde. Ob sie wirklich so alt ist, weiß keiner, doch zumindest in Nordsachsen gilt sie als konkurrenzlos. Dann radeln wir auf dem gelben Weg gen Lampersdorf, biegen aber bald links in den Oschatzer Stadtwald. Wo der Wald endet, biegen wir kurz nach links und dann gleich wieder rechts. Hier wartet schon der nächste historische Zeitzeuge. Mauerstümpfe und Feldsteinwände wirken wie das Bühnenbild eines Märchenfilms. Und märchenhaft im Dunkel liegt auch die Herkunft dieses **Wüsten Schlosses**

**Stadt- und Waagen-
museum Oschatz**
Die Schau historischer Waagen ist in Europa einmalig.
Frongasse 1
Tel. (0 34 35) 92 02 85
www.oschatz-erleben.de
Di–Do 9.30–12.30 und 13–17, Fr–So 11–17 Uhr

Türmerwohnung Oschatz
In der St. Aegidienkirche. Die historische Wohnung im Südturm der Stadtkirche ist über 199 Stufen zu erreichen.
Tel. (0 34 35) 93 09 36
www.oschatz-erleben.de
Di–Fr 14–17 Uhr,
Sa/So 11–17 Uhr

Osterland. Unwirklich ragt es auf einem Hügel über einem kleinen Teich auf. Experten aus ganz Europa rätseln ob des Zwecks dieses romanischen Baus. War es ein Jagdpalast? Oder entstand er zu den Landtagen, die die Markgrafen zu Meißen 1185 bis 1259 am Collm abhielten?

Durch die reizende Döllnitzaue geht es - noch immer auf dem gelben Weg - dem dörflich an-mutenden **Alt-Oschatz** entgegen. Rechts erhebt sich ein alter Wall, die **Schwedenschanze**, und auf einer Höhe links die **Pankratiuskirche** von 1330. Am Teich halten wir uns rechts und gelangen so beim Friedhof in den wildromantischen Eulen-steg. Weiter geht es dann entlang der Kleinbahn „Wilder Robert" sowie durch das Gelände der Landesgartenschau 2006. Der heutige **O-Schatz-Park** ist mit seinem Rosensee, den Rabatten und dem Tierpark ein wahres Kleinod.

Zum **Neumarkt**, einem der schönsten histo-rischen Plätze in Sachsen, ist es nun nur noch ein Katzensprung. Ihn säumen liebevoll restaurierte Bürgerhäuser. Auch das Rathaus aus dem 15. Jahrhundert buhlt gehörig mit seiner Anmut und nicht nur wegen des später durch den Dresdner Hofbaumeister Gottfried Semper nachgelieferten Uhrenturms. Hoch über allem thronen indes die

Brunnen am Altmarkt in Oschatz

beiden 75 Meter hohen Türme der **Aegidienkirche**. Bis 1970 lebte hier gar noch ein leibhafti-ger Türmer. Nun darf sein Domi-zil beäugt werden. Einzigartig in Europa ist auch die Schau histo-rischer Waagen in der Amtsfron-feste an der Stadtmauer. Deren 25 Meter hoher Wachturm von 1377 darf auch erklettert werden.

Zum Bahnhof müssen wir über den **Altmarkt**. Dort erblicken wir eine der jüngsten Schön-heiten der Stadt: den Brunnen „Die vier Jahreszeiten". Skurrile Typen wie dralle Fischweiber und schlitzohrige Händler hat hier der junge Oschatzer Bildhauer Joach-im Zehme lustvoll in Sandstein geschlagen.

Dahlener Heide

Zu Jägereiche und Tabakskiefer

Die Dahlener Heide ist das wohl traditionsreichste Wanderrevier im früheren Bezirk Leipzig. Entsprechend ausgereift sind Infrastruktur, Wegesystem und Ausschilderungen. Auch manch Highlight am Wegesrand, hinter dem sich im Grunde nur ein freistehender Baum verbirgt, beweist frühen Sinn für touristische Vermarktung. Die waldreiche Region, die uns auch ans Wasser führt, ist bis heute höchst reizvoll.

Die Dahlener Bahnhofstraße bringt uns vom Südende der Stadt schnurstracks zum erhaben wirkenden Markt. Man spürt, **Dahlen** hat Geschichte. 1188 nennen es erstmals die Annalen, seit 1228 firmiert es als Stadt. Ein kurioses Bronzedenkmal nimmt überdies eine ungewöhnliche Legende hops. Denn Dahlen gilt auch als Sackhupperstadt. Das rührt daher, dass einst ein Bub sackhüpfenderweise aus der Heide bis in die Stadt gehoppelt sein soll, um den hier gerade zur Jagd weilenden Kaiser Heinrich vor Mordplänen der Sorben zu warnen. Der Junge hatte zuvor die Sorben belauscht, war ihnen aber in die Hände gefallen, woraufhin sie ihn in einen Sack steckten. Nachts hatte er indes fliehen können.

Über die Schlossstraße, die links vom Markt abzweigt, kommen wir zum Ortsausgang Richtung Torgau. Hier orientieren wir uns rechts zu einem kleinen Parkplatz unterhalb des Weinberges. Wir folgen auf einem Asphaltweg den Schildern nach Schmannewitz, queren die Dahle und erreichen nach wenigen Minuten den Wald. Hier halten wir uns links Richtung Mühlteich. So nähern wir uns dem früheren Tiergarten des Schlosses. Doch so wie vom Schloss nach einem Brand im März 1973 nur noch ein verkohlter Rumpf überlebte, fehlen hier heute auch die weißen Hirsche. Dafür entschädigen ein traumhafter Mischwald und der **Schlosspark** mit einigen bota-

126 ◇ Schmannewitz

143

en Kühren ⊞

142 ⊞ **Dahlen** 12

126

Start und Ziel
Station Dahlen
RE 50 stündlich ab
Leipzig Hbf.

Wanderung
Dahlen – Schmannewitz – Brehms Ruhe – Tote Magd – Jägereiche – Hospitalhütte – Waldbad – Dahlen

Länge
17 km

Karte ▸ Seite 97

Wanderparadies Dahlener
Heide

**Bockwindmühle
Schmannewitz**
Mühlenverein Schmanne-
witz e.V.
Torgauer Str. 3
04774 Dahlen
(OT Schmannewitz)
Tel. (03 43 61) 5 16 81
www.muehlenverein-
schmannewitz.de
Führungen nach Anmel-
dung sowie an ausgewähl-
ten Sonntagen. Termine
werden auf der Home-
page stets aktualisiert.

nischen Seltenheiten, darunter Sachsens ältestem
Tulpenbaum.

Kurvenreich führt der Weg mal auf, mal ab,
vorbei an alten Eichen und Buchen. An der **Gräfenhainer Mühle** – letztes Relikt einer früheren
Siedlung – geleitet uns der Pfad über eine Holz-
brücke und dann in einem kleinen Bogen durch
Erlen hindurch zu einer Feuchtwiese. Hier wachsen geschützte Pflanzen. Den **Mühlteich**, der bald
folgt, lassen wir zunächst links liegen, bis eine
sandige Uferstelle zur ersten Rast lockt. Hernach
balancieren wir auf dem schmalen Uferpfad über
mehrere Gräben voller Sumpf- und Wasserpflan-
zen. So gelangen wir zum Grasteich. Hier müssen
wir rechts ein wenig bergauf bis zu einer Gruppe
Rotbuchen. Dort biegt der Weg links und gleich
wieder rechts ab. Damit lassen sich die **Sieben
Zwerge** nicht verfehlen. Nur Schneewittchen ist
außer Haus. Aber es sind ja auch keine echten
Zwerge, nur putzige Steine vor einer Sitzgruppe.

Geradeaus lockt das Waldbad, doch wir biegen links ab und laufen am Waldrand lang nach
Schmannewitz. Das nächste Ziel ist schon in der
Ferne auszumachen – eine schöne sanierte **Bockwindmühle**. Wer sich vorher angemeldet hat, darf

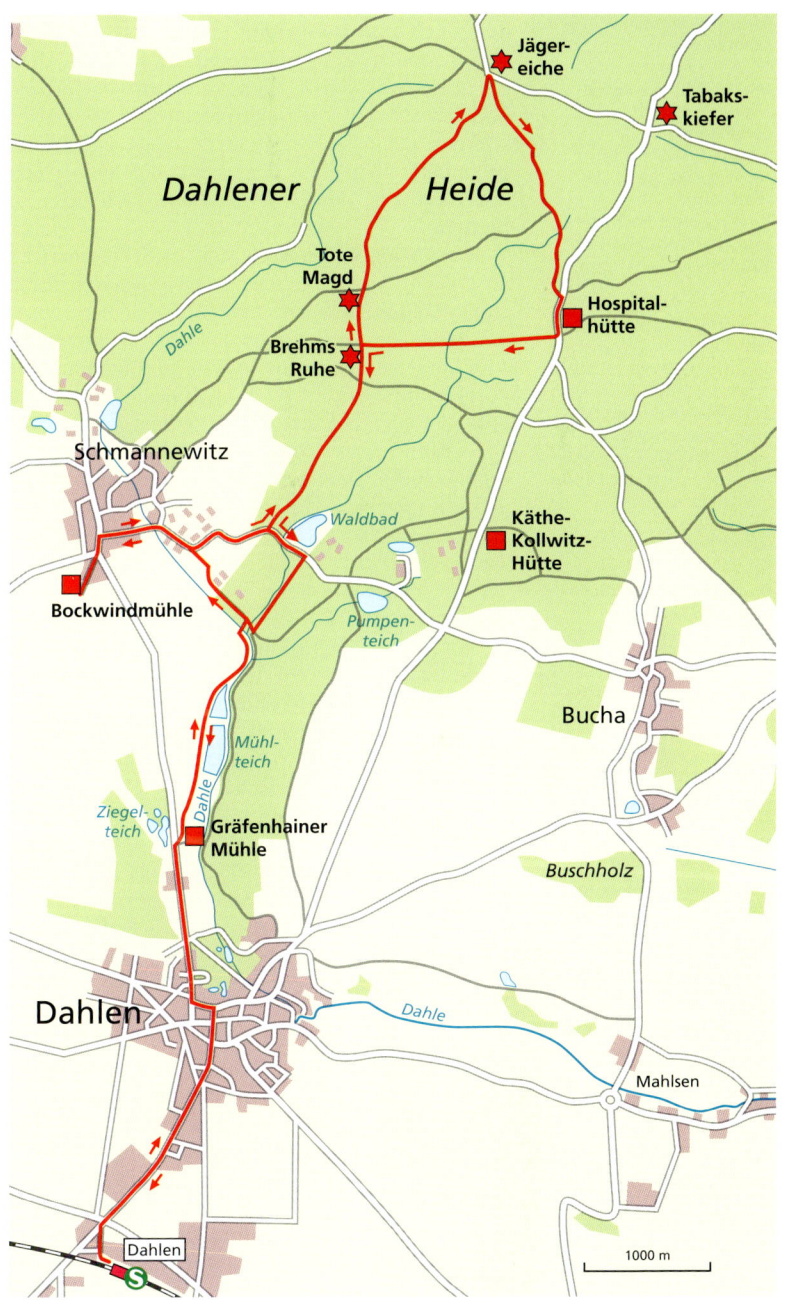

Jäger-
eiche

Tabaks-
kiefer

Dahlener   *Heide*

Tote
Magd

Hospital-
hütte

Dahle

Brehms
Ruhe

Schmannewitz

Waldbad

Käthe-
Kollwitz-
Hütte

Bockwindmühle

*Pumpen-
teich*

Bucha

*Mühl-
teich*

*Ziegel-
teich*

Gräfenhainer
Mühle

Dahle

Buschholz

Dahlen

Dahle

Mahlsen

Dahlen

S

1000 m

**Bauernmuseum
Schmannewitz**
Dr.-Alfred-Brehm-Straße 2
Tel. (03 43 61) 5 16 83
www.heidestadt-
dahlen.de
Ostern–1. Advent Mi
16.30–17.30, So 14.30–
16.00 Uhr
Termine auch nach tele-
fonischer Vereinbarung
möglich

 **Tipp** **Waldgasthof
Hospitalhütte**
Märchenhaft verwunschen
liegt der Gasthof mitten
im Wald. Empfehlenswert
sind das Tortenangebot
und praktisch alles von
der Fischkarte. Der kleine
Haustierzoo ist der Renner
bei Kindern.
Holzstraße 4
04774 Dahlen
Tel. (03 43 61) 5 13 25
www.hospitalhuette.de
Di–So 11–22 Uhr

nun auch mal ins Innere äugen. Ursprünglich,
so ist hier zu erfahren, stand sie mal auf dem
1,5 Kilometer südwestlich vom Dorf entfernten
Mandelberg. Ein Herbststurm hatte sie aber 1877
schlimm geknickt. Ihre Besitzer ließen sie deshalb
zwei Jahre später auf dem jetzigen Standort neu
errichten. Bis 1960 war sie dann auch noch in
Betrieb.

Ganz nach Gusto lässt sich in Schmannewitz
aber auch in einer kleinen Feuerwehrausstellung,
einem Tiergärtchen oder einem bäuerlichen Museum verweilen. Andernfalls hält man sich über die
Alte Lindenstraße rechts in Richtung Bucha. Kurz
vorm Waldbad geht es dann links in den Tann
und von hier auf einer bestens ausgeschilderten
und schon historischen Wanderroute zunächst zu
Brehms Ruhe. Dahinter verbirgt sich auch nur ein
Stein, nunmehr aber ein recht großer, an den sich
zudem ein Rastplatz anschließt. Das Mal erinnert
daran, dass der berühmte Tiervater hier einst wie-
derholt Jagdgast seines Leipziger Verlegers Carl
Graupner war.

Der Weg erreicht danach die **Tote Magd**, eine
Stelle, an der einst ein Mädchen beim Holzholen
vom Blitz erschlagen worden sein soll. Zuweilen
legt noch immer jemand Zweige für sie nieder.
Wenig später treffen wir an einer Wegespinne, an
der sieben Wanderpfade aufeinanderstoßen, auf
die **Jägereiche**. Ein Pfahl mit dem kursächsischen
Wappen erinnert an das Jahr 1763, als hier letzt-
malig die Jäger des Dresdner Hofes nach einer
hochherrschaftlichen Jagd ihre
Weidhörner ansetzten. Ursprünglich hatte man die sächsischen
Rauten in eine Eiche geschnitzt,
die aber später auch der Blitz
traf. Die heutige Nachbildung
war 1995 eingeweiht worden.

An der Jägereiche biegen wir
rechts auf den Stuhlweg ein. Er
bringt uns bald zur urigen **Hospitalhütte**. Das ist ein Ausflugslokal mitten im Wald, das mit
seinen umrankten Giebeln fast
etwas Mystisches hat, vor allem
bei trüberem Licht. Doch eine

Auch Fliegenpilze findet
man in der Dahlener Heide

Hochstand in der Dahlener Heide

Einkehr lohnt unbedingt. Schon die Forellen und Zander im Fischaquarium gleich neben der zünftigen Kaffeeterrasse signalisieren, wie sehr man es hier mit Frische hält. Und auch krank macht die vorzügliche Landkost mitnichten. Der Name des Lokals rührt vielmehr daher, dass die im 15. Jahrhundert für Holzauktionen errichtete Hütte samt dem umgebenden Flurstück später dem Hospital in Dahlen vermacht wurde. Ihre heutige Gestalt aus massiven Vulkangesteinsquadern erhielt sie 1862.

Zurück geht es nun wieder zu Brehms Hütte und von da erneut zum **Waldbad Schmannewitz**. Für alle Badefrösche bietet der lauschige Teich, der schon über hundert Jahre die Sommerfrischler an- oder besser auszieht, überraschend viel Moderne. Etwa eine riesige Wasserrutsche sowie neben Ruderkähnen auch elektrische Boote. Gegen den kleinen Hunger wie den großen Durst weiß auch eine Gaststätte Abhilfe.

Der Rückweg nach Dahlen führt schließlich vom Parkplatz vis-à-vis des Bades immer geradeaus durch die Heide. Wenn wir wieder die sieben steinernen Zwerge erreicht haben, die noch immer ihres Schneewittchens harren, ist es nur noch eine lockere Stunde bis zum Bahnhof.

Waldbad Schmannewitz
Seit über 100 Jahren im Betrieb, Riesenwasserrutsche, Bootsausleih, Elektroboote, Gastronomie.
Buchaer Straße
04774 Dahlen
(OT Schmannewitz)
Tel. (03 43 61) 5 97 26
www.waldbad-schmannewitz.de
Ab Ostern tgl. 10–19 Uhr, an schönen Tagen auch länger

Start
Station Grimma
RB 110 stündlich von
Leipzig Hbf.

Spaziergang

Karte ▸ Seite 102

Grimma

Fast einmal der Nabel Sachsens

Seit Markgraf Otto der Reiche 1170 beschloss, an jener strategisch günstigen Stelle direkt an der Mulde eine planmäßige Marktsiedlung zu gründen, brachte es Grimma immer wieder zu landesweitem Einfluss. Auf dem Schloss residierten häufig Markgrafen und Kurfürsten, und in der Stadt wurden mehrere Landtage abgehalten.

Auch Herzog Albrecht der Beherzte, Stammvater des sächsischen Königshauses, nannte sich auf seiner Wallfahrt nach Palästina Junker von Grym – aus Respekt vor der Stadt, in der er Ende Juli 1443 zur Welt kam. Eine ihrer härtesten Prüfungen der jüngeren Zeit bestanden die Grimmaer fast auf den Tag genau 559 Jahre später – nämlich 2002, als ihnen die Jahrhundertflut an Elbe und Mulde schwer mitspielte. Doch mittlerweile sind deren Folgen in der denkmalgeschützten Altstadt kaum noch sichtbar. Nur die alte Muldebrücke – 1719 nach Plänen des berühmten Dresdener Zwingerbaumeisters Matthäus Daniel Pöppelmann errichtet – harrt weiter ihrer Rekonstruktion. Davor erinnert am Ufer ein steinerner Baum aus vulkanischem Porphyr an die Katastrophe.

Wir starten unsere Stadttour indes im Grünen. So laufen wir vom Bahnhof die Karl-Marx-Straße hinunter bis zum Schwanenteich und hier nach rechts. Am Ende des Teiches schwenken wir links in die Köhlerstraße, um kurz darauf rechts durch das Verlobungsgässchen zur **Mulde** zu gelangen. An der früheren Großmühle erinnern Hochwassermarken der letzten 200 Jahre daran, dass die Fluten den Grimmaern schon immer zusetzten.

Der Wanderweg an der Mulde führt unterhalb der **Gattersburg** entlang und geleitet parallel zur Colditzer Straße aus der Stadt heraus. Fortan nehmen wir bis **Nimbschen** den Muldendamm. Hier erinnert die Klosterruine noch an die spektakuläre Flucht von neun Nonnen, darunter Luthers

Stadtinformation Grimma
Markt 16
Tel. (0 34 37) 9 85 82 85
www.grimma.de
Mo–Fr 10–18, Sa 10–16 Uhr
Auch außerhalb der Öffnungszeiten liegt Informationsmaterial im Vorraum aus.

Fähre Höfgen
Personenfähre, nimmt auch Fahrräder und Kinderwagen mit.
Tel. (0 34 37) 91 51 58
Tgl. 10–18 Uhr (außer bei Hochwasser und Eisgang)
Da die Fähre beim Juni-Hochwasser 2013 stark beschädigt wurde, ist sie evtl. 2014 noch nicht wieder voll in Betrieb.

Das Rathaus von Grimma

spätere Frau Katharina von Bora. Dahinter führt nach links ein Waldweg bis zur Fähre, die uns ans andere Ufer nach **Höfgen** bringt. Das sehenswerte Dorf mit seiner **Wehrkirche** und das **Wassermühlenmuseum** sind durchaus einen Umweg wert (▶ Seite 106).

Andernfalls spazieren wir von der Fähre nach links zur historischen **Schiffsmühle**. Hinter dem gleichnamigen Hotel führt ein etwas steiler Weg zum Grimmaer **Jutta-Park**. Er wurde 1900 im englischen Stil angelegt. Für den Jutta-Turm, zu dem eine hübsche Kastanienallee geleitet, trifft das jedoch nur bedingt zu. Denn in seinem Inneren gibt eine – fraglos faszinierende – Klanginstallation den Ton an. Wer beschwingt davon den Turm besteigt, dem eröffnet sich auch noch eine weite Aussicht ins Muldenland.

Vom Turm führt ein Feldweg bis zur Straße. In diese biegen wir links ein, bis am Waldrand rechts der Mohdschägiebchenweg zurück zur Mulde lockt. Für Nicht-Sachsen zur Erklärung: Mohdschägiebchen nennt man hier die Marienkäfer. Der Weg tangiert nun wieder den Fluss, führt aber am **Rabenstein** noch einmal steil aufwärts. Von hier oben lässt sich schon gut die **Hängebrücke** erkennen, die über die Mulde führt. Sie stammt aus dem Jahre 1925 und ist bis heute Sachsens längste Tragseilbrücke. Da allerdings das Juni-Hochwasser 2013 der schwankenden Brücke schwer zugesetzt hatte, pendelt zwischen den Ufern vorübergehend ein „Hängebrücken-ersatzverkehr".

Wir bleiben auch auf der linken Seite zunächst am Muldeufer, ehe wir links in die Töpferstraße biegen. Sie stößt am Leipziger Platz auf die Lange Straße und damit auf die **Frauenkirche**. Die ist fast so alt wie die Stadt selbst, ihre Westfront stammt noch aus dem 12. Jahrhundert.

Auch das doppeltürmige Gotteshaus widerstand 2002 den Fluten. Mehr noch, als das Wasser immer höher stieg, verschanzten sich 60 Menschen darin. Sie kletterten auf die Empore und sahen zunächst ohnmächtig zu, wie die tosende Mulde eine kleine Orgel mitriss und Bänke durch das Kirchenschiff trieben. Doch Kantor Tobias Nikolaus verteilte daraufhin die Umhänge des Kirchenchors an die Frierenden und der junge Pfarrer Christian Behr organisierte ein starkes Motorschlauchboot. Darin wurden nach und nach alle Eingeschlossenen in Sicherheit gebracht.

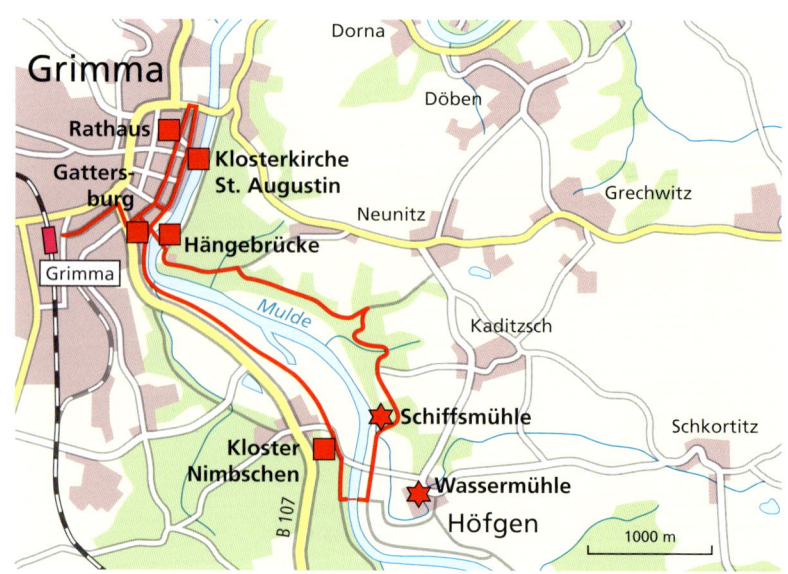

Von der Kirche bringt uns die schön restaurierte **Lange Straße** geradewegs zum **Markt**. Allein das Rathaus, das sich hier fast unvermittelt mit seiner grandiosen Renaissancefront darbietet, lohnt den Besuch Grimmas. Zumal eingebettet in das mittlerweile wieder intakte Marktensemble, in dem sich gleich mehrere Stilepochen vereinen, sucht es wohl seinesgleichen in Sachsen. Vom Amtszimmer des Oberbürgermeisters soll übrigens ein Geheimgang zu einer ebenso geheimen Folterkammer führen.

Fast jedes Haus am Markt besitzt eine spannende Geschichte. So arbeitete in Markt 11, dem 1550 entstandenen heutigen **Seume-Haus**, 1797 die Druckerei des berühmten Leipziger Verlegers Georg Joachim Göschen. Eine hölzerne Wendeltreppe sowie spätgotische Decken blieben aus der Entstehungszeit erhalten. Im Markt 15, einem prächtigen Renaissancebau von 1572, residiert nun das Standesamt. Wegen des Wendeltreppenturms an der Rückseite, schönen Fenster- und Türprofilen sowie einem Gewölbekeller gilt es als das architektonisch wertvollste der Stadt.

Zwei Straßen hinter dem Markt, ostwärts gesehen, erinnert neben dem derzeit noch arg versehrten Schloss auch die einstige Landes- und Fürstenschule St. Augustin an Grimmas große Historie. Denn als der Landesherr nach der Reformation anno 1543 verfügte, dass drei sächsische Klöster in Landesschulen umgewandelt werden und sich viele Orte darum bewarben, erhielt halt auch die Muldestadt den Zuschlag. Der heutige Bau, der nun ein Gymnasium beherbergt, entstand indes 1891. Sachsenkönig Albert I. selbst hatte es eingeweiht.

Über die Uferpromenade kann man dann gemütlich zurück Richtung Bahnhof spazieren. Aber Augen aufbehalten: Der Weg tangiert auch die einzigartigen **Mauerlauben** auf der früheren Stadtmauer von 1250. Das bekannteste Mauerhäuschen gehörte übrigens Ludwig Ferdinand Stolle. Der machte sich einst nicht nur durch das Grimmaer Heimatlied „Im Tale, wo die Mulde fließt ..." einen Namen, sondern auch als Redakteur der zu Weimarer Zeiten hochpopulären Zeitschrift „Die Gartenlaube".

Muldeschifffahrt Grimma-Höfgen
Von der Grimmaer Hängebrücke aus verkehren von März bis Oktober Fahrgastschiffe nach Höfgen und zurück. Wegen der Folgen des Juni-Hochwassers 2013 kann es 2014 noch Einschränkungen geben. Aktuelle Informationen unter: www.grimma.de Derzeit Sa/So 12/14/16 Uhr ab Anlegestelle Hängebrücke nach Höfgen

Restaurant Schloss Gattersburg
Ehemaliges Fabrikantenwohnhaus im Neorenaissancestil auf einem Fels direkt über der Hängebrücke an der Mulde. Klassische deutsche Küche, alles unter 20 €. Colditzer Straße 3 Tel. (0 34 37) 92 46 80 www.gattersburg.de

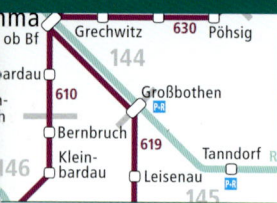

Am schnellsten Fluss Mitteleuropas

Start
Station Großbothen
RB 110 mind. alle 2 Std.
ab Leipzig Hbf.

Radtour
Großbothen – Kössern–– Thümmlitz-wald – Höfgen – Grimma

Länge
13 km

Rückfahrt
Station Grimma
RB 110 stündlich nach
Leipzig Hbf.

Karte ▸ Seite 107

Ein Nobelpreisträger, der Hofbaumeister von August dem Starken und eine flüchtige Nonne, die später Luther heiratete – ihren Spuren folgt man auf dieser vergleichsweise kurzen Radtour von Großbothen entlang der Mulde nach Grimma.

Die Mulde gilt nicht nur bei Hochwasser als der schnellste Fluss Mitteleuropas. Das spüren wir, wenn wir in **Großbothen** gleich nach der Bahnbrücke links in die Kösserner Straße abbiegen und wenig später die Brücke erreichen. Der Fluss hat sich hier erst 5 Kilometer zuvor aus der Freiberger Mulde und der Zwickauer Mulde vereinigt. Nun schießt er quasi mit doppelter Kraft nordwärts.

Zunächst verlassen wir aber noch einmal die Mulde und strampeln gen **Kössern** ein Stück bergauf. Der Ort ist schnell erreicht, und schon verfallen wir erneut ins Staunen. Denn das **Jagdhaus Kössern**, das sich an der nächsten größeren Kreuzung vor uns erhebt, ist ein barockes Kleinod. Dabei lässt die leicht blätternde Fassade zunächst nur ahnen, was das Schlösschen im Inneren bietet, etwa im Festsaal: Vor Stuck und Prunk an Wänden und Decken gehen einem die Augen über.

Baumeister war kein Geringerer als jener Matthäus Daniel Pöppelmann, der einst als Oberlandbaumeister von August dem Starken den Dresdner Zwinger schuf. Sachsens Oberhofjägermeister Wolff Dietrich von Erdmannsdorff hatte das Idyll Anfang des 18. Jahrhunderts als Rahmen für kurfürstliche Jagden errichten lassen. Als es später sichtlich zu altern begann, bewahrte es ab 1970 eine umfassende Sanierung vor dem Verfall. So dient das Jagdhaus heute als Kulisse für Konzerte, Lesungen und Kleinkunst.

Von Kössern geht es via Amalienburg zum nahen **Thümmlitzsee**. Wir rollen ein Stück am See in den Thümmlitzwald. Ziel ist ein alter slawischer Fluchtwall. Er erinnert daran, dass hier schon vor

Wilhelm Ostwald Park
Im „Haus Energie" lebte, arbeitete und forschte der deutsch-baltische Chemienobelpreisträger Wilhelm Ostwald von 1901 bis zu seinem Tod 1932. Führungen durch Museum und Park derzeit nur nach telefonischer Anmeldung. Grimmaer Str. 25
04668 Großbothen
Tel. (03 43 83) 7 34 91 11
www.wilhelm-ostwald-park.de

Am Thümmlitzsee

den Germanen Leben herrschte. Das bekam der Wald später jedoch derart zu spüren, dass irgendwann alles Holz verfeuert oder verbaut war. Ein Fall somit für Sachsens legendären Forstmeister Heinrich Cotta. Der forstete den Tann Anfang des 19. Jahrhunderts geradezu generalstabsmäßig wieder auf, indem er ihn zuvor in Planquadrate gliederte. Wanderer, Radler und Reiter verdanken ihm damit ein schnurgerades Wegenetz.

Obwohl der beliebte Bade- und Ausflugssee in den warmen Wochen gut frequentiert ist, leben hier Biber, Fischotter und Eisvogel. Nur lassen sie sich nicht so leicht sehen. Wir rollen ein Stück zurück, umfahren den Südzipfel des Sees und lassen auch den Ferienpark mit dem Gasthaus am Thümmlitzsee rechts liegen.

In **Förstgen** angekommen, biegen wir gleich rechts in den Vierhäuserweg ein. Der ist anfangs etwas holprig, führt aber bergab – nun wieder direkt der Mulde entgegen. Fortan begleitet uns der Fluss auf naturbelassenen Wegen, erst vorbei an Feldern, dann durch das Müncherholz. Schon bald danach machen wir in der Ferne die ersten roten Dächer von Höfgen aus.

Rotes Gestein, sogar kunstvoll bearbeitet, säumt jetzt aber schon den gepflasterten Weg

Jagdhaus Kössern
Das barocke Schlösschen lädt regelmäßig zu Konzerten. Im Haus befindet sich auch die Tourist-Info der Gemeinde Großbothen.
Dorfstraße 1
04668 Großbothen
Tel. (03 43 84) 7 39 31
www.jagdhaus-koessern.de
Mo–Fr 9–15 Uhr (ganzjährig), Mai–Sep. Sa/So/Fei 10–17 Uhr

Museum Schiffsmühle Höfgen
Technisches Denkmal auf Bootsplanen mitten im Fluss.
Apr.–Okt. Di–So 10–13 und 14–17 Uhr

Museum Wassermühle Höfgen
Technisches Denkmal mit oberschlächtigem Wasserrad, funktionsfähiger historischer Mühlentechnik, rekonstruierter Müllerwohnung um 1800, Kräutergarten und Gaststätte.
Dorfstr. 8
04668 Grimma
(OT Höfgen)
Tel. (0 34 37) 70 75 72
www.wassermuehle-hoefgen.de
Apr.–Okt. Di–So 11–17 Uhr, Nov.–März nach Vereinbarung

Erlebnishotel Zur Schiffsmühle
Im familiär geführten Restaurant ist die gesamte Speisekarte zu empfehlen. Bei schönem Wetter sitzt man am Goldfischteich besonders schön.
Zur Schiffsmühle 2
04668 Grimma
(OT Höfgen)
Tel. (0 34 37) 7 60 20
www.hotel-zur-schiffsmuehle.de
Tgl. 10–24 Uhr

Achtung:
2014 kann es wegen der Reparatur von Hochwasserschäden noch zu Einschränkungen kommen.

durch die Aue. Es sind Skulpturen aus Porphyr, einem vulkanischen Gestein, das bis heute in Rochlitz gebrochen wird. Dem markanten Material begegnen wir im Muldenland indes regelmäßig. Denn als Baustoff drückte es in den letzten Jahrhunderten der ganzen Region seinen Stempel auf. Selbst in Leipzig findet es sich häufig, so am Alten Rathaus und am Zooportal.

Hier handelt es sich nun aber um fantasievolle Stelen, Plastiken oder Kletterfelsen. 28 Arbeiten formieren so den acht Kilometer langen „Weg der Steine". Er endet erst in Grimma. Metalltafeln nennen den jeweiligen Künstler. Unter reiferen Sportfreunden dürfte es bei einem Namen sofort klicken: Erika Zuchold, einst populäre Vizeolympiasiegerin und Weltmeisterin im Turnen.

Immer wieder erinnern alte Pegelstände am Weg an die Jahrhundertflut 2002. So auch in **Höfgen**. Die stilisierten Fischköpfe an den Türbeschlägen der 700-jährigen romanischen Wehrkirche, die auf einer Felskuppe thront, bilden angeblich eine magische Abwehr gegen das Hochwasser. Doch 2002 halfen sie nicht. Ringsum war hier großflächig Land unter. Längst ist davon nichts mehr zu sehen, auch nicht in der alten **Wassermühle**. Die technische Schauanlage in einer Getreidemühle von 1721 lohnt unbedingt einen Stopp. Sehenswert ist auch die museale Darstellung der Arbeits- und Lebenswelt der Müllerfamilie vor gut 200 Jahren.

Das Gotteshaus in Höfgen – 1654 barock umgebaut – gehörte übrigens seit 1351 zum Kloster Nimbschen. Das lag einst auf der gegenüberliegenden Flussseite, zu der uns eine Drahtseilfähre bringen soll. Auch deren Tradition ist bereits bis 1638 nachweisbar.

Bevor wir übersetzen, stärken wir uns jedoch im vorzüglichen Restaurant „Zur Schiffsmühle". Das bezieht seinen Namen von einem weiteren technischen Denkmal, das nebenan am Ufer vertäut ist: eine **Schiffsmühle**. Da jene in Höfgen heute als einzige weit und breit überlebte, entstand auf den schaukelnden Planken auch ein Museum samt Forschungsanlage.

Die kurze Fährpassage im schmalen Blechkahn hat etwas Nostalgisches. Von **Kloster Marienthron** in Nimbschen ist hingegen nur noch eine Ruine übrig – und eine berühmte Geschichte. Denn hier betete und arbeitete auch eine junge Zisterzienserin namens Katharina von Bora (1499-1552). Vor allem lernte sie hier lesen und schreiben. Eines Tages studierte sie so auch die ketzerischen Schriften eines Martin Luther, in denen er das Klosterleben kritisch beleuchtete. So reifte in ihr der Gedanke zur Flucht. Ostern 1523 kehrte sie schließlich bei Nacht und Nebel mit acht ihrer Ordensschwestern dem Kloster den Rücken. Sie gelangte nach Wittenberg – wo sie dem Reformator später sogar eine gute Ehefrau wurde.

Von **Nimbschen** rollen wir schließlich auf einem glatten Radweg in einem Viertelstündchen nach Grimma.

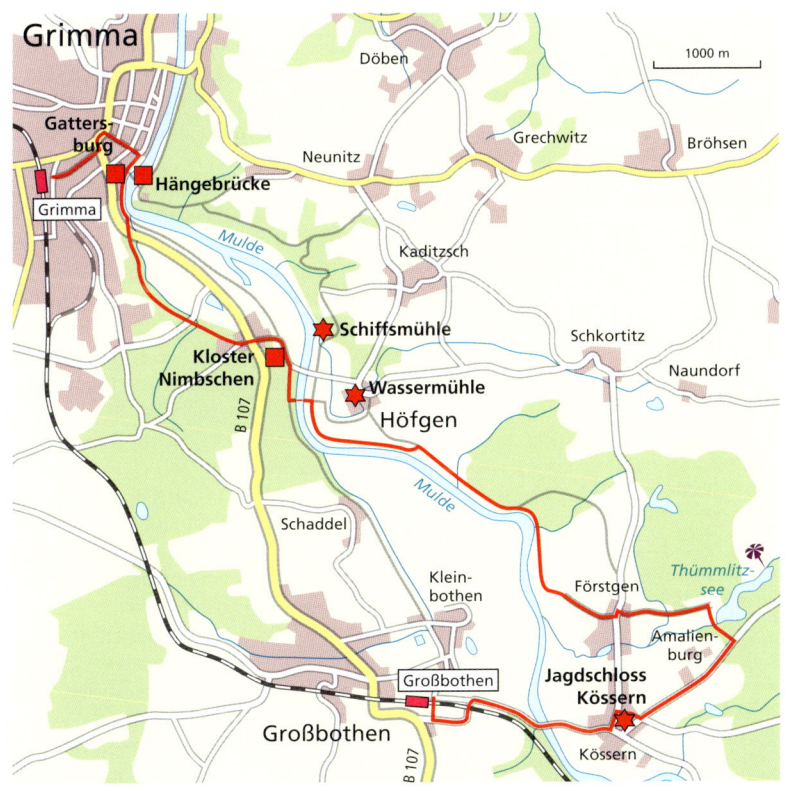

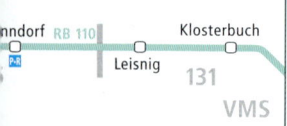

Leisnig 131

VMS

Start und Ziel
Station Leisnig
RB 110 stündlich ab
Leipzig Hbf. (ca. 1 Std.
Fahrtzeit)

**Besichtigung &
Wanderung**
Leisnig – Meinitz –
Wassermühlen –
Röda – Gorschmitz –
Leisnig

Länge
11 km

Karte ▸ Seite 110

Burg Mildenstein
Mittelalterliche Burg,
Schlossmuseum. Alljährlich
ist die Burg Schauplatz
von Osterspielen, Ritter-
spektakeln, Sommerfilm-
tagen, Burg- und Altstadt-
festen, Konzerten und
Kleinkunstaufführungen.
Rittersäle können auch
privat gemietet werden.
Burglehn 6
Tel. (03 43 21) 62 56 0
www.burg-mildenstein.de
März Di–Fr 10–16, Sa/So
10–17 Uhr, Apr.–Okt. Di–Fr
10–17, Sa/So 10–18 Uhr,
Nov.–Feb. geschlossen

Leisnig

Gespornt und gestiefelt

**Der größte Stiefel der Welt, eine der äl-
testen Burgen Sachsens, historisches Pflaster, das noch seine mittelalterliche Herkunft
atmet, sowie uralte Wassermühlen – Leisnig
ist mindestens e i n e Reise wert.**

Der Leisniger Bahnhof liegt etwas außerhalb.
Dennoch ist die historische Altstadt, deren Ur-
sprünge ins 12. Jahrhundert zurückgehen, in zehn
Minuten erreicht. Am sichersten wenden wir uns
dazu auf der Bahnhofstraße nach rechts, folgen
auch dem Bogen, den sie nach links macht, und
stoßen so auf die Johannistalstraße. Über die
Bergstraße und den Lindenplatz gelangen wir
zum **Markt**. Schön sanierte Häuser, Brunnen und
kleine Treppenanlagen begleiten den Weg.

Auf den großzügigen Markt führen geradwink-
lige Straßen und Gassen aus allen Himmelsrich-
tungen. Dominiert wird er vom Rathaus, das nach
dem Stadtbrand von 1803 neu errichtet wurde.
Von hier zum **Burglehn** sind es nur wenige Meter.
Wen zuvor die 15. Jahrhundert erbaute drei-
schiffige **Stadtkirche St. Matthäi** interessiert, der
nehme zunächst den oberen Weg, also nicht die
nach unten führende kopfsteinerne Fahrstraße.
Heisten nannte man im Mittelalter solch erhöhte
gepflasterte Gehwege entlang der Häuserzeilen,
die Passanten vor Straßendreck und Regenmatsch
schützen sollten. Nur selten blieben sie erhalten,
für Leisnigs Altstadt sind sie bis heute prägend.

Selten sind auch, wie hier in Leisnig, Stadt-
siedlung und Burgbezirk so eng verwachsen.
Die Stadt wurzelt erkennbar in der von starken
Wallmauern gefassten **Burganlage Mildenstein**.
Deren ältester Teil, das Hinterschloss, thront auf
einem trutzig aufragenden Felssporn über der
Freiberger Mulde. Schon 1046 erwähnt eine Ur-
kunde erstmals den Burgward. Wahrscheinlich
ist die Veste aber noch einiges älter. Mildenstein
gehört so zu den ältesten Burgen Sachsens. Kaiser
Heinrich IV. belehnte mit ihr 1084 Wiprecht von
Groitzsch. Später erwarb sie Herzog Friedrich III.

von Schwaben, der spätere Kaiser Barbarossa, der sie zur Reichsburg erhob.

Zu den ältesten erhaltenen Teilen der Burg gehört die romanische Kapelle aus dem 12. Jahrhundert. Das ursprünglich gotische Vorderschloss wurde 200 Jahre später als wehrhafter Wohnbau angelegt. Sehenswert ist hier vor allem die originale Dachkonstruktion des Kornhausbodens von 1395. Überdies beherbergt das Vorderschloss mehrere Ausstellungen. Die eigentlichen Hingucker der Burg sind aber die Rittersäle im zweiten Obergeschoss des Vorderschlosses. Alle, die gern mal für ein Wochenende als Burggraf oder Burgfräulein auf Mildenstein residieren wollen, können sie sogar mieten. Wem das nötige Kleingeld dafür fehlt, besteige zumindest den 1875 zu einem Aussichtsturm umgebauten Bergfried. Schon fühlt er sich wie ein Markgraf, der über seine mittelalterliche Stadt und das arrondierende Muldental späht.

Das **Burgmuseum** zeigt verschiedene Ausstellungen zur Regionalgeschichte. Daneben verfügt es über einen recht ausgefallenen Fundus an Dingen, die sich kaum anderswo bestaunen lassen: etwa nostalgische Schlittschuhe, Pickelhauben, Walzenspieldosen und Musikautomaten. Hinzu kommen Feuer-, Hieb- und Stichwaffen aus dem 17. bis 19. Jahrhundert.

Nicht mehr auf Mildenstein logiert indes der große Stulpenstiefel aus Döbeln, den die Schuhmacher der Nachbarstadt 1925 für ihr 600-jähriges Innungsjubiläum fertigten. Er misst in der Höhe stolze 3,70 m. Das damals größte lederne Fußwerk der Welt geriet indes bald wieder in Vergessenheit und landete so 1957 auf Burg Mildenstein. Hier pflegte der Leisniger Schuhmachermeister Gerhard Berthold 33 Jahre lang den marode gewordenen Stiefel. Doch mit der Wende wollten die Döbelner das werbeträchtige Beinkleid plötz-

Stiefelmuseum und Wagler-Galerie
Präsentation des Leisniger Riesenstiefels, der Schuhmacherwerkstatt seines Schöpfers und von Arbeiten des Heimatmalers Karl Wagler.
Burglehn 11
Di–So 11–16 Uhr
Voranmeldungen für Gruppen oder Führungen über Gästeam:
Tel. (03 43 21) 63 70 90

Der Riesenstiefel von Leisnig

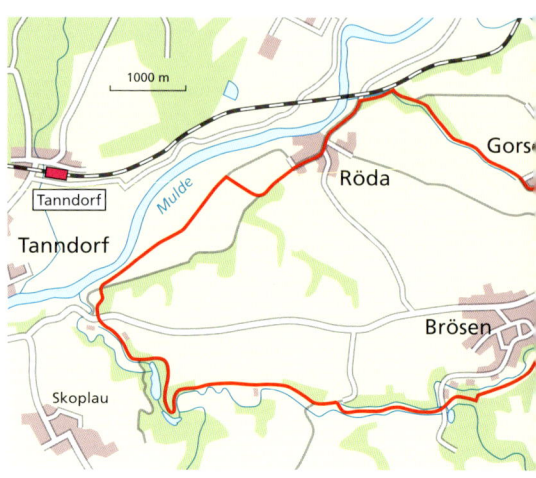

Leithenmühle
Historische Wassermühle,
Schankwirtschaft mit Bier-
garten und Streichelzoo.
Brösen Nr. 38
04703 Leisnig
Tel. (03 43 21) 1 28 53
Sa 11–22, So 11–21 Uhr

Schanzenmühle
Technisches Denkmal,
Besichtigung nach Verein-
barung:
Armin Arnold
Tautendorf 18
04703 Leisnig
Tel. (03 43 21) 1 22 05

lich zurück. Erst sahen das die Leisniger nicht
ein, dann obsiegten ihr Stolz – und ihr hand-
werkliches Geschick. Denn ab 1995 schufen Meister Berthold & Co. in aller Heimlichkeit einen
eigenen **Riesenstiefel**. Als er fertig war, mussten
sie für diesen sogar die Werkstattdecke durch-
brechen. Denn das hatte die Welt noch nicht
gesehen: Schafthöhe 4,90 m, Schuhgröße 330.
Zur 950-Jahr-Feier Leisnigs 1996 wurde er erstmals ausgeführt. Quartier bezog er danach im
neuen **Stiefelmuseum**, der umgebauten Poststa-
tion direkt im Burglehn. Hier lässt sich auch die
Schusterwerkstatt des inzwischen verstorbenen
Meisters Berthold besichtigen.

Lange führte das Stiefelstädtchen noch einen
weiteren Beinamen: Esel-Leisnig. Denn die Stadt
hielt im 18. Jahrhundert auf der Muldenwiese
bis zu 35 Esel. Sie trugen das Korn in die Wassermühlen am Schanzenbach und danach das
Mehl zu den Bäckern. Zwei der ehemals sieben
Mühlen überlebten bis heute. Wem nach so viel
städtischer Historie der Sinn nach etwas Grün
steht, mache sich auf den Weg zu ihnen. Dazu
nehme er die Chemnitzer Straße zurück bis zum
Leisniger Wandertreffpunkt an der Karl-Zimmer-
mann-Sporthalle (Chemnitzer Straße 101). Von
hier wandere er südwärts bis **Meinitz**, wo er sich
rechts halten muss, aber entlang des **Schanzen-**

baches nichts mehr falsch machen kann.

Es geht durch intakte Natur bis zur **Schanzen-mühle**. Sie wurde 1556 erstmalig erwähnt und mahlte noch bis 1965. In der Wassermühle befinden sich zwei Walzenstühle sowie je ein Mahl- und Schrotgang. Weiter am Bach entlang führt der Weg, vorbei am kleinen Maschinenteich, zur erst unlängst authentisch restaurierten Leithenmühle. Ihre Geschichte reicht gar ins Jahr 1330 zurück. Zum technischen Denkmalkomplex, der besichtigt werden kann, gehören ein Fachwerkhaus mit oberschlächtigem Wasserrad, ein Taubenturm, das Mahlknechthaus und die gemütliche Mühlenklause. In dieser stärke man sich für die weitere Tour, die dann am Mühlenteich vorbei bis zur Mulde führt.

Nahe der ehemaligen Zöllnermühle überquere man hier die Hauptstraße und wandere am Muldenufer nach **Röda**. Von hier führt der Weg nach rechts über den Rosenberg nach **Gorschmitz** und zurück nach Leisnig.

Die Stadt betritt man nun über den Malerwinkel. So heißt jener historische Teil, der sich mit seinen winkligen Gassen und geduckten Häusern unterhalb der Südwestseite des Burglehns erstreckt. Für Leisnigs Heimatmaler Karl Wagler war er Inspiration zahlloser Arbeiten. Und bis heute hat er nichts von seinem Flair eingebüßt.

Süden

Surfer auf dem Hainer See
▸ Seite 116 und 122

Markkleeberg Nord

Markkleeberg

Markkleeberg-Großstädteln

100

Markkleeberg-Gaschwitz Ⓢ

Großdeuben   La

152   144

Start und Ziel

Station Markkleeberg-Großstädteln
S4 alle 30 Min., S2 alle 60 Min. (außer Wochenende) ab Leipzig Hbf.

Rad- oder Wandertour

Großstädteln – Neue Harth – Zwenkauer See – Zwenkau – Cospudener See – Großstädteln

Länge

27 km

Zwenkauer See

Tour de la Future

Die heutige Tour ist etwas für Visionäre. Noch braucht es etwas Fantasie, um sich das Kippengebiet südlich von Markkleeberg als zukünftige Auenwald- und Seenlandschaft vorzustellen.

So ist der Zwenkauer See noch gar keiner (auch wenn hier schon ein Ausflugsboot tourt). Aber spätestens 2015, wenn er die angestrebte Pegelhöhe erreicht hat, firmiert er als das größte Freizeitgewässer weit und breit. Überdies bietet eine Wanderung durch die zusehends vernarbende Bergbaufolgelandschaft einen spannenden Einblick in die Selbstheilungskräfte der Natur.

Wir starten am **Bahnhof Großstädteln** und bewegen uns südwärts am Bahndamm entlang, bis vom Schachtweg rechts ein Wanderpfad in die **Neue Harth** abbiegt. An der nächsten Gabelung orientieren wir uns nach links. Nun geht es längere Zeit durch jungen Wald, der manchmal so jung gar nicht mehr ist. Erste Aufforstungen gab es bereits 1968. Damals waren es vor allem Pioniergehölze wie Pappeln. Längst erhielten sie aber Gesellschaft durch Rot- und Stieleichen, Kiefern, Eschen, Linden und Ahorn. Informationstafeln am Rand geben Kunde zur Historie der Region.

An der nächsten Gabelung geht es nach rechts und wenig später an einer weiteren (kurz vor der A 38) nach links. Von hier wandern wir gut 4 Kilometer südwärts, nun durch offene heideähnliche Landschaft. So gelangen wir an den künftigen **Zwenkauer See**. Im Uhrzeigersinn weiter am Wasser entlang, stoßen wir schließlich auf **KAP Zwenkau**. Das ist ein futuristisch anmutender Ausstellungspavillon mit einer schönen Dachgaststätte. Zu seinen Füßen wachsen kräftig der künftige Stadthafen und eine schicke Wohnsiedlung. Bis zum Ausflugsboot „Santa Barbara", das dank einer Ausnahmegenehmigung schon seit 2008 auf dem steigenden Wasserspiegel kleine Runden dreht, muss man aber noch über provisorische Kieswege weit nach unten laufen.

Zwenkau ist eine der ältesten Städte Sachsens. Anno 974 nennt es eine Urkunde das erste Mal. Die schön restaurierte Altstadt um Rathaus und **Laurentiuskirche** lohnt denn einen Abstecher. Der Weg dorthin führt vom KAP über die Leipziger Straße. Zurück zum See geht es zwischen Rathaus und Gotteshaus nach links die Mühlberg-Gasse hinab, über das trocken gefallene Bett der Batschke und dann – links des Waldbades – über den Eythraer Weg geradewegs durch das waldige Eichholz. Am Ufer halten wir uns links und sehen so wenig später eine vierreihige Lindenallee. Sie zweigt nach links zur wiedererrichteten Tempelruine **Trianon** ab. Ab 1790 hatte sie als das Wahrzeichen des 1980 ebenfalls im Tagebau verschwundenen Dorfes Eythra gegolten.

An einem Aussichtspunkt stößt nun von Süden der Neuseenland-Radweg zu uns. Folgen wir ihm, bringt er uns nach 6 Kilometern zum Freizeitpark „Belantis" und bald darauf zur **Bistumshöhe** am **Cospudener See**. Nach weiteren 3 Kilometern erreichen wir den Hafenkomplex Pier 1. Über die Zöbigker Straße gelangen wir wieder zum Ausgangspunkt.

Waldbad Zwenkau
Anna-Seghers-Straße 15
Tel. (03 42 03) 5 21 49
15. Mai–15. Sep. Mo–Fr
10–20, Sa/So/Fei 9–20 Uhr

Kartoffelhaus Pelle am KAP Zwenkau
Mit einer besseren Aussicht isst man nirgends im Leipziger Neuseenland. Solides Angebot von fesch bis Fisch. Zum Komplex gehört eine Ausstellung zur Bergbaugeschichte.
Leipziger Str. 160
04442 Zwenkau
Tel. (03 42 03) 4 45 99–95
www.kartoffelhauspelle.de
Tgl. ab 11.30 Uhr

Start
Station Großdeuben
S4 alle 30 Min. ab
Leipzig Hbf.

Radtour
Großdeuben – Böhlen –
Stausee Rötha – Kahns-
dorfer See – Hainer
See – Kahnsdorf – Spei-
cherbecken Lobstädt –
Speicherbecken Borna –
Regis-Breitingen –
Haselbacher See –
Treben

Länge
40 km

Rückfahrt
Station Treben-Lehma
S5 stündlich nach
Leipzig Hbf.

**Karten ▸ Seite
117 & 119**

Schillerhaus Kahnsdorf
Historisches Ritterguts-
haus, in dem einst Fried-
rich Schiller verkehrte.
Barockes Ambiente,
Schauplatz jährlicher
Schillerfestspiele.
Theodor-Sältze-Str. 10
04575 Kahnsdorf
Tel. (0 34 33) 2 60 60 00

Neuseenland

Becken, Buchten, Bade-strände

**Nicht weniger als 18 Seen gehören zum Leip-
ziger Neuseenland. Zusammen bringen sie es
auf 70 Quadratkilometer Wasserfläche. Nicht
alle sind so bekannt und damit frequentiert
wie die stadtnahen Gewässer. So wollen wir
heute ein wenig tiefer in das wachsende
Wasserrevier radeln. Anlaufpunkte bilden
der Kahnsdorfer und der Hainer See, die
Adria bei Borna und der Haselbacher See,
durch den bereits die Grenze nach Thüringen
führt.**

Nach dem Ausstieg am Bahnhof **Großdeuben**,
von wo wir über die Wiesenstraße flugs an den
nahen **Pleiße-Radweg** gelangen, tangieren wir
aber noch weitere Gewässer. So schon wenige
Minuten nach dem Start zur Linken das **Rückhal-
tebecken Stöhna**. Das ist indes nur bei reichlich
Regen oder bei Hochwasser gut gefüllt – aber
auch dann nicht für jedermann betretbar. Denn
hier hat der Naturschutz den Vorrang. Es gehört
übrigens ebenso wenig (zumindest offiziell) zum
Neuseenland wie der Stausee Rötha, den wir als
nächstes erreichen. Dazu müssen wir zuvor die
Pleißenaue **Böhlen** umfahren. Die Strecke führt
links an der Stadt vorbei, zwingt uns aber an der
Röthaer Straße zu Vorsicht. Denn hier geht es
nach links über ein schlecht gesichertes Güterver-
kehrsgleis.

An der nächsten größeren Kreuzung folgen
wir indes nicht der Straße nach links auf Rötha,
sondern biegen rechts in die Gauliser Straße ein.
In **Gaulis** halten wir uns auf der Dorfstraße links
und gelangen so über den Mühlenweg zum **Stausee Rötha**. Er ist heute Angel- und Wanderrevier
und zudem Trainingsstätte für Wassersportler.
Wir umrunden den See im Uhrzeigersinn, tangieren dabei die Stadt und rollen bis zum be-
waldeten Südostufer immer am Ufer entlang.
Schilder weisen hier dann bereits den Weg nach

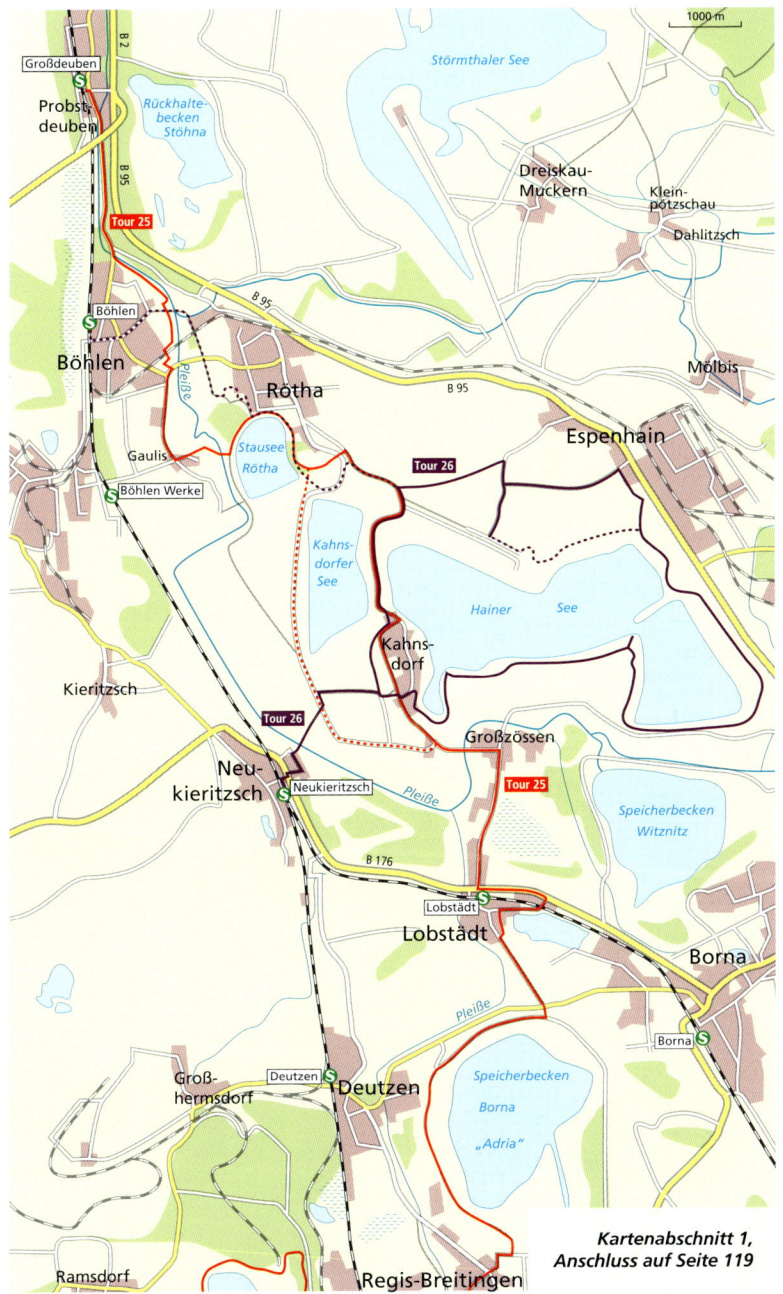

1000 m

Großdeuben
S

Probst-
deuben

B 2

B 95

Rückhalte-
becken
Stöhna

Störmthaler See

Dreiskau-
Muckern

Klein-
pötzschau

Dahlitzsch

Tour 25

Böhlen
S

Böhlen

B 95

Rötha

B 95

Mölbis

Gaulis

Stausee
Rötha

Tour 26

Espenhain

Böhlen Werke
S

Kahns-
dorfer
See

Hainer   See

Kieritzsch

Kahns-
dorf

Tour 26

Großzössen

Speicherbecken
Witznitz

Neu-
kieritzsch

Neukieritzsch
S

Pleiße

Tour 25

B 176

Lobstädt
S

Lobstädt

Borna

Groß-
hermsdorf

Deutzen

Deutzen

Pleiße

Speicherbecken
Borna

„Adria"

Borna
S

Ramsdorf

Regis-Breitingen

*Kartenabschnitt 1,
Anschluss auf Seite 119*

Gasthof Zur Schmiede
Solide Hausmannskost
einer engagierten Wirtin.
Pürstener Str. 10
Kahnsdorf
Tel. (0 34 43) 77 80 38
Di–So ab 10 Uhr

Gasthof Zur Erholung
Gemütliches Haus direkt
an der Strecke, Biergarten,
Billardzimmer, Pension.
Regionale Haumannskost,
die einen angenehm satt
macht.
Forststr. 9
Regis-Breitingen
Tel. (0 34 43) 5 16 49
Mo–Fr 11–13.30 und 17–
22, Sa ab 17, So 11–13.30
und ab 17 Uhr
Biergarten im Sommer
durchgehend geöffnet.

Kahnsdorf. Ein nagelneuer Radweg biegt schließlich nach rechts auf einen schmalen Kippendamm
ein. Und der führt höchst attraktiv für gut 2 Kilometer zwischen dem **Kahnsdorfer See** zur Rechten
und dem **Hainer See** zur Linken hindurch.

Der kleine Kahnsdorfer See ist übrigens auch
einzig dem Naturschutz vorbehalten. Anders der
gut dreimal so große Hainer See – er mausert sich
langsam zu einem prosperierenden Wassersportrevier. Zwischen beide Gewässer zwängt sich jeweils an deren Südufern das Dörfchen **Kahnsdorf**.
Das erreichen wir auch, wenn wir die autofreie
Rechtsroute gewählt haben und nach Passieren
des Kahnsdorfer Sees den unübersehbaren Schildern nach links folgen.

Das einstige Bergbaudörfchen betreibt eine
offensive Tourismuspolitik – und es hat auch
einigen Grund dazu. Immerhin trafen sich im
Herrnhaus des früheren Rittergutes im Juli 1785
Friedrich Schiller und Chr. Gottfried Körner, der
Vater des Dichters und Dramatikers Theodor Körner. Beide schlossen hier eine Freundschaft, die
für Schiller nicht nur Rettung aus finanzieller
Misere bedeutete, sondern ihn auch zu seinem
weiteren dichterischen Schaffen anregte. Heute

Auf dem Pleiße-Radweg

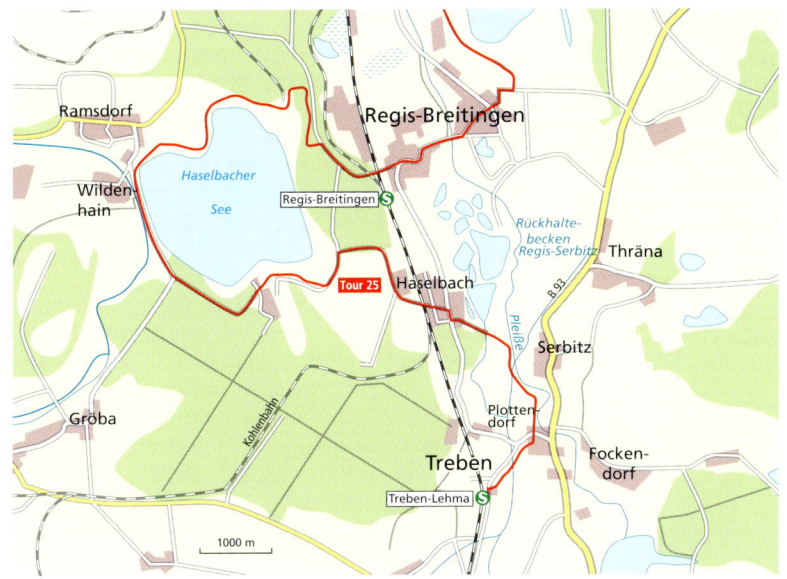

*Kartenabschnitt 2,
Anschluss von Seite 117*

lässt sich das nobel möblierte **Schillerhaus**, von dem ein schattiger Weg durch den **Gutspark** zum Hainer See führt, für Tagungen, Feiern und Jubiläen buchen. Stets im Juni ist es auch Mittelpunkt gut besuchter Schillerfestspiele. Auch die **Laurentiuskirche**, deren Kanzel und Altar aus dem Jahr 1693 stammen, sowie eine (allerdings stark verwitterte) Pestsäule auf dem Friedhof finden viel überregionales Interesse.

Von Kahnsdorf radeln wir durch den Park und dann nach rechts entlang der traumhaften Lagune gen Südosten weiter nach **Großzössen** und von hier – stets auf guten Radwegen neben der Straße – rechts nach **Lobstädt**. Die Glück-Auf-Straße führt hier direkt auf die Bahnstation zu. Wer mag, kann auch hier schon wieder den Zug heimwärts nehmen. Wir folgen jedoch dem Radweg nach links und biegen etwa 1 Kilometer später rechts in die Alt-Witznitzer Straße ein. So umfahren wir ein Stück das **Speicherbecken** Lobstädt. Das geflutete Tagebaurestloch dient vor allem der Grundwasserregulierung.

Im Ort biegen wir links in die Gartenstraße ein, die später in die Altenburger Straße mündet.

Gasthof Zum Dorfkrug
Gaststätte und Pension,
Saloon in der Western-
stadt Haselbach.
Altenburger Str. 4
Haselbach
Tel. (0 34 43) 5 14 08

Kohlebahn
Historische Schmalspur-
bahn auf früheren Ta-
gebaugleisen zwischen
Regis-Breitingen und
Meuselwitz.
Fahrzeiten unter:
Tel. (0 34 48) 75 25 50
www.kohlebahnen.de

Sie bringt uns geradewegs an die „Adria". Seriöse
Karten nennen diesen See **Speicherbecken Borna**.
Daher erklärt sich auch, dass der frühere Tagebaurestsee oft nur zum Teil gefüllt ist. Denn wenn
die Pleiße Hochwasser führt, muss er noch immer ausreichend aufnahmefähig sein. Die Adria
punktet mit einem Surfrevier auf Bornaer Seite,
Naturstränden sowie ebenfalls Refugien, die kein
ungefiederter Zweibeiner betreten darf.

Über ihren Nord- und Ostteil führt überdies
der **Neuseenland-Radweg**. Eine breite Asphaltpiste umrundet damit den See. Wir folgen ihr gegen den Uhrzeigersinn und radeln – an **Deutzen**
vorbei – bis zur Südspitze des Gewässers. Nach
einem Wäldchen stößt der Radweg auf die Bornaer Straße, die nach rechts auf **Regis-Breitlingen**
zuläuft. Das ist unser nächstes Ziel. Von der Bornaer geht es nach links in die Deutzener Straße,
von dieser rechts in die Goethestraße. Die geht
bald in die Schillerstraße über, die nach der Pleißebrücke nun parallel zum Neuseenland-Radweg
verläuft. Nach einer langen Linkskurve folgt dieser der rechts abzweigenden Forststraße. Es geht
unter der Bahnbrücke hindurch, dann ein kurzes
Stück steil aufwärts. Ist dies gemeistert, müssen
wir erst links auf eine schmale Straße und nach
etwa 200 m rechts auf einen Waldweg biegen.
So gelangen wir zur nächsten Perle der Neuseen-
land-Kette – dem **Haselbacher See**.

Auch hier wurde bis 1977 Braunkohle ge-
fördert. Heute ist der weitgehend von Wald ge-
säumte See ein recht romantisches, weil noch
weitgehend naturbelassenes Wassersportrevier.
Doch auch er lässt sich nahezu komplett auf
Asphalt umrunden. Wir halten uns rechts und
bleiben vorerst oberhalb des hohen Ostufers. Im
Nordostzipfel folgt dann eine kleine Achterbahn-
fahrt: erst steil hinab, dann wieder steil hinauf.
Es folgt ein Parkplatz, vor dem wir uns links auf
das Westufer zubewegen. Hier wirkt noch alles
sehr urwüchsig. Pfade führen immer wieder durch
Unterholz und Schilfgürtel zu kleinen intimen
Badebuchten.

Am Südwestufer, das man nach zwei Findlingen über einen Dammweg erreicht, eröffnet sich
sogar ein großes und recht nobles Segel-, Tauch-

Bootshaus am Haselbacher See

und Surfdomizil. Zuweilen sind hier sogar Rennen der martialischen Drachenboote zu erleben. Es ist allerdings nicht für jedermann zugänglich.

Ganz umrunden wollen wir den See nicht. So schwenken wir an einer Gabelung am Südostufer scharf rechts vom Wasser weg. Die Schilder weisen nach Haselbach. Der Weg umfährt in nordöstlicher Richtung eine Tonhalde und quert dann auf der Ramsdorfer Straße erst die Gleise der touristischen **Kohlebahn**, danach den Schienenstrang Leipzig – Altenburg. An der Altenburger Straße halten wir uns rechts, biegen aber bald links in die Teichstraße ab.

Wir sind nun wieder auf dem Pleiße-Radweg und passieren zur Linken ein weiteres Gewässer – den **Nobitzer Teich**. Auch er ist vor allem Schutzrevier für Vögel sowie Fischotter. Noch vor der Pleißebrücke verlassen wir die Route jedoch wieder. Auf einem regionalen Radweg, der hier nach rechts abzweigt, gelangen wir durch die Wiesen bald nach Treben. Hier lohnt noch das restaurierte Rittergut einen letzten Stopp. Dann radeln wir durch die Bahnhofstraße geradewegs zur Station Treben-Lehma.

Böhlen

152 Rötha E
Böhlen Werke

Neukieritzsch

153 Lobstädt
Borr

Start
Station Neukieritzsch
S4 und S5 mind. stünd-
lich ab Leipzig Hbf.

Radtour
Neukieritzsch-Kahns-
dorf – Hainer See –
Neukieritzsch
(alternativ: Hainer See
– Rötha – Böhlen)

Länge
25 km

Rückfahrt
Station Böhlen S4 oder
Neukieritzsch S4 und
S5 ca. alle 30 Min. nach
Leipzig Hbf.

Karte ▶ Seite 117

 **Tipp** **Lagune
Kahnsdorf**
Nach dem Bummel ent-
lang der Promenade
empfiehlt sich eine Spritz-
tour im Ruderkahn oder
Elektroboot über den
Hainer See.
Bootsverleih
Theodor-Sältze-Str.
04575 Neukieritzsch
(OT Kahnsdorf)
Tel. Reservierung:
(03 41) 35 04 81 69

Hainer See

Die blaue Lagune

**Leipzigs Neuseenland bietet immer wie-
der neue Überraschungen. Der beschauliche Rundkurs um den Hainer See zwischen
Kahnsdorf und Borna ist fast noch ein Ge-
heimtipp.**

Mit dem Begriff „Lagune" verbindet der naturnahe Genießer weltentrückte Flecken zwischen
Schilf, Wasser und Wald. Das sächsische Kahnsdorf, über Jahrzehnte raumgreifend vom Tagebau
Witznitz eingezwängt, schien hiervon Lichtjahre
entfernt. Umso mehr überrascht heute die „Lagune Kahnsdorf": Wo sich bis 2010 ein Tagebaurestloch füllte, kann man heute Filmszenen mit Flori-
da-Flair drehen. Schicke Uferbauten mit eigenem
Steg, kleine Marinas, Segeljachten, Bootshäuser,
eine Uferpromenade und drum herum viel Grün.

Die geschützte Bucht, in der auch der kleine
Park mit dem Kahnsdorfer Schillerhaus endet
(▶ Seite 118), gehört zu jenem **Hainer See**, der seinen Namen einem abgebaggerten Dorf entlehnte.
Mit 5,6 Quadratkilometern Fläche ist es eines der
größten Gewässer im Leipziger Neuseenland. Es
dauert so schon ein gutes Stündchen, will man ihn
auf einem 15 Kilometer langen Rundweg umradeln. Dennoch hat diese Tour mit ihrem abwechs-
lungsreichen Profil das Zeug zu einem Klassiker:
markante Steiluferzonen im Norden und Osten,
flache Bade- und Wassersportbereiche in der Haubitzer Bucht im Süden sowie der Kippendamm im
Westen, hinter dem dann auch noch der naturge-
schützte **Kahnsdorfer See** anlandet.

Wer mit dem Zug anreist, startet am besten
am **Bahnhof Neukieritzsch**. Dann nimmt man den
Weg durch die Bahnunterführung und die Straße
des Friedens bis zur Schulstraße, biegt links in
diese ein und hält sich an ihrem Ende rechts. Es ist
bereits der Kahndorfer Weg, der nun nach wenigen hundert Metern geradeaus weiter in die Pleißenaue und über eine Brücke führt. Die Schilder
zeigen längst **Kahnsdorf** an, wo mittlerweile jeder
Weg(weiser) irgendwie zur Lagune geleitet.

Rund die Hälfte der Strecke ist noch nicht asphaltiert und damit etwas holprig (Stand: Herbst 2013), ein Mountainbike ist indes nirgends vonnöten. Nach gut 3 Kilometern treffen sich dann sogar der Hainer See und der **Haubitzer See.** Von hier führt der Weg nun zunächst rechts um den deutlich kleineren Haubitzer See, vorbei an Badestrand und Jetski-Revier, um dann wieder am Hainer See anzukommen.

Ein reizvoller Uferbereich mit viel Schilf, Stegen und einem künftigen Bootsverleih entsteht derzeit am Nordufer, wo sich bei entsprechendem Wind auch die Kitesurfer recht wagemutig in die Lüfte heben lassen.

Wer den See nicht komplett umrunden will, um dann wieder ab Neukieritzsch zurückfahren, kann auch über **Rötha** zum Bahnhof Böhlen radeln. Dazu biege man im Nordosten des Hainer Sees nicht links auf den Kippendamm Richtung Kahnsdorf ein, sondern rolle – nunmehr entlang des Kahnsdorfer Sees – solange weiter geradeaus, bis es nach links zum Stausee Rötha geht. Am östlichen Ufer führt hier dann ein Radweg bis zum Röthaer Markt, von wo es auf dem Grüne-Ring-Radweg zügig zum **Böhlener Bahnhof** geht.

Restaurant
Am Schlosspark Rötha
Von einer ambitionierten Wirtin geführtes Haus mit sehr guter gutbürgerlich-deutscher und sächsischer Küche von Wild bis Fisch. Gefühlvolles Ambiente mit Kreuzgewölbedecke, wuchtigen Säulen und offenem Kamin, was man dem Haus von außen nicht ansieht.
Johann-Sebastian-Bach-Platz 1b
04571 Rötha
Tel. (03 42 06) 7 35 54
Do/Fr ab 17 Uhr,
Sa/So ab 11 Uhr

Südliche Lagune am Hainer See

Start und Ziel:
Station Altenburg
S5/S5X alle 30 Min. ab
Leipzig Hbf.

Stadtbesichtigung

Tourist-Information
In der Tourist-Information
befindet sich auch der
größte Spielkartenladen
Deutschlands.
Friedrich-Ebert-Str. 14
Tel. (0 34 47) 55 18 38
www.altenburg-
tourismus.de
Mo–Fr 9–18 Uhr,
Sa/So 10–16 Uhr
Öffentliche Stadtfüh-
rungen: Mo–Fr 14 Uhr,
Sa 16 Uhr ab Tourist-Infor-
mation, Markt 17

Altenburg

Eine Stadt, die reizt

**Wer Skat spielt, hält zwangsläufig ein Stück
Altenburg in der Hand. Hier wurde des deutschen Mannes liebstes Kartenspiel nicht nur
ersonnen, hier wird das deutsche Blatt auch
seit 1832 gedruckt. Doch die über 1 000-jäh-
rige Residenzstadt ist weitaus mehr als ein
verlängerter Stammtisch. Große Historie,
große Kunst, ein groß(artig)es Theater und
ein Großer Teich treffen hier wie selten in
einer Kreisstadt zusammen.**

Altenburg und Skat gehören zusammen wie Altenburg und Ziegenkäse. Das ist indes eine andere
Geschichte, die deshalb hier mal vernachlässigt
sei. Schon 1886 tagte in Altenburg der erste
deutsche Skatkongress. 1899 nahm hier auch der
Deutsche Skatverband seinen Sitz.

Heute lässt sich auf einem **Skaterlebnispfad**
den Spuren des Spiels wie denen der Spielkarten-
macher folgen. Er führt natürlich auf das Schloss.
Das erhebt sich schon gut ein Jahrtausend auf
seinem Fels. Vom Bahnhof erreichen wir es, wenn
wir nach links die Wettiner Straße nehmen. Vorm
Lindenau-Museum müssen wir dann nur noch
rechts am Teich vorbei durch den Park schlendern. Natürlich lassen wir auch dieses Museum
nicht aus. Doch einen Kunsttempel, der zu den
Top 20 der ostdeutschen Museumshochkultur gehört, durchstreift man nicht so nebenher. Er wird
unser Finale bilden.

Einst Kaiserpfalz der Staufer, später Residenz
der Wettiner und Schauplatz des sächsischen
Prinzenraubs – das **Schloss** mit seinem prächtigen klassizistischen Festsaal überrascht durch
die Vielfalt seiner Bausubstanz. Heute befindet es
sich weitgehend im Zustand des 18. Jahrhunderts.
Anders die **Schlosskirche**, in der eine barocke
Trost-Orgel ertönt: Sie behütete ihr ursprüng-
liches gotisches Antlitz. Im Schlosskomplex lassen sich auch eine Fürstengruft und ein Geheimgang entdecken sowie zwei Wachtürme erklettern.
Alle Jahre im Juli erlebt der Schlosshof überdies

Der historische Markt in Altenburg

ein Open-Air-Spektakel: Über 200 Akteure stellen den Raub der kleinen Sachsenprinzen Ernst und Albrecht anno 1455 durch Ritter Kunz zu Kauffungen nach. Das Kidnapping endete glücklich, nur Kunz verlor seinen Kopf.

Das **Spielkartenmuseum** im Schloss wurzelt in einem Appell von 1923. Darin bat der Museumschef seine Mitskatbrüder und -schwestern, ihre Kammern und Böden nach alten Spielkarten, Druckformen und Gerätschaften zu durchstöbern und diese zu stiften. Es war die Geburtsstunde des weltweit ersten Spielkartenmuseums. Tausende historische Kartenspiele bilden heute ein grandioses Bilderbuch europäischer Geschichte. Daneben versammeln sich Spielkarten aus aller Welt, aber auch Druckformen und -pressen, ja eine komplette Kartenmacherwerkstatt.

Der 16 Hektar große **Schlosspark** östlich der Residenzbauten erstreckt sich fast über den ganzen Schlossberg. Ende des 16. Jahrhunderts angelegt, machte er alle botanischen Moden mit – von der italienischen über französische und englische bis hin zur sozialistischen Prägung. Unbeeindruckt davon erhielt sich eine Vielzahl teils seltener Bäume. Auch über die **Herzogin-Agnes-**

Schloss- und Spielkartenmuseum
Neben der Welt der Spielkarten gibt es auch eine militärhistorische Sammlung, eine Porzellansammlung sowie Ausstellungen zur Stadt- und Schlossgeschichte.
Im Schloss
Tel. (0 34 47) 51 27 12
Di–So 9.30–17 Uhr, letzte Führung 16 Uhr, letzter Einlass 16.30 Uhr
Führung (45 Min.) möglich.
Zu jeder vollen Stunde wird in der gegenüberliegenden Schlosskirche die barocke Trost-Orgel angespielt.

Gedächtniskirche, das barocke (erst teilsanierte) Teehaus samt Orangerie, den herzoglichen Marstall sowie das **Mauritianium** neigen sie schützend ihre Wipfel. Letzteres ist ein feines Naturkundemuseum im Jugendstil, in dem sich neben 400 000 weiteren Dingen auch der weltweit größte Rattenkönig bestaunen lässt.

Auf dem Weg vom Schloss in die Altstadt ist das prunkvolle **Landestheater** unübersehbar. Ein Schüler Gottfried Sempers errichtete den Renaissance-Bau nach Plänen für die erste Dresdner Oper. Zur Einweihung gab man 1871 den Freischütz von Carl Maria von Weber. Bis heute erlebt das Mehrspartenhaus außergewöhnliche Inszenierungen, die bundesweit Interesse erzeugen.

Wenig später, immer die Burgstraße hinauf, öffnet sich rechts der **Brühl**. Hier, am ältesten Marktplatz der Stadt, existiert auch das weltweit einzige Denkmal, das ein Kartenspiel würdigt – der 1903 gesetzte **Skatbrunnen**. Auf seinem Sockel raufen sich drei Wenzel. Viele Skatspieler kommen hierher, um mit seinem Wasser ihre Karten zu taufen. Es soll Glück bringen. Rechts hinter dem Brunnen zieht das überbordend pompöse **Seckendorffsche Palais** die Blicke auf sich. Berühmtester Bewohner des 1724 erbauten Hauses war Friedrich Arnold Brockhaus. Zwischen 1810 und 1817 legte er hier den Grundstein für seinen später weithin berühmten Verlag. Altenburgs heutiger **Markt** ist natürlich viel größer und zudem unendlich lang. Von der Burgstraße gehen wir dazu nach links durch die Sporenstraße. Das reich verzierte Renaissance-Rathaus nahm die Bürgerschaft 1564 in Besitz. Der Ratssaal besitzt eine prächtig bemalte Balkendecke und einen großen Kamin. Wer ihn betritt, meint noch immer das Flair jener Zeit zu spüren. Wochentags ist er auch für Besucher zugänglich. Der achteckige **Rathausturm** zeigt übrigens stets die genaue Mondphase an. Das Westende des Marktes schließt die irgendwie stilvolle **Brüderkirche** ab, selbst wenn sich in dem historischen Neubau von 1905 gleich mehrere Stile vermengen: Romanik, Gotik und Jugendstil.

Alles in allem sind es fünf Märkte, die die liebevoll restaurierte Altstadt aufweisen kann.

Landestheater Altenburg
Schauspiel, Musiktheater, Tanz, Konzerte. Fast 300 Vorstellungen jährlich.
Theaterplatz 19
Tel. (0 34 47) 58 51 60
www.theater-altenburg-gera.de

Brauereimuseum
Brauereistr. 20
Tel. (01 71) 6 57 49 47
www.brauerei-altenburg.de
Sa–So 11–17 Uhr und nach Vereinbarung über
Tel. (0 34 47) 5 12 80 20

Schnapsmuseum
Betriebsrundgänge (nicht am Wochenende), alter Holzfasskeller, Verkostungen.
Altenburger Destillerie & Liqueurfabrik
Am Anger 1-2
Tel. (03 04 47) 5 54 60
www.destillerie.de
Mo–Fr 11–19, Sa 10–14 Uhr

Restaurant
Zum Wildschütz
Gute Wildküche, schönes Ambiente, sehr sympathische Wirtin. Reservierung angeraten.
Erich-Mäder-Str. 31
Tel. (0 34 47) 50 02 74
www.zum-wildschuetz-abg.de
Mi–Fr ab 17, Sa ab 18, So ab 11 Uhr

Mithin prägen die einstige Augustinerabtei und die großzügigen Plätze, die Kaiser Friedrich Barbarossa hier im frühen 12. Jahrhundert anlegen ließ, bis heute das Stadtbild. Ein neues Zeitalter beginnt gewissermaßen erst am **Kunstturm**, zu dem der Weg hinterm Rathaus über Topfmarkt, Kornmarkt und Baderei führt. 1845 entstand er im Stile eines italienischen Campanile – damals noch als Wasserturm. Davor breitet sich der liebliche **Kleine Teich** aus, von dem es nach rechts geradewegs zum **Großen Teich** geht. Beide waren mal ein Gewässer. Der Damm wurde erst später aufgeschüttet, ebenso wie die Insel im Großen Teich. Seit 1954 ist sie eine kleine Arche Noah, denn sie beherbergt den einzigen **Inselzoo** in deutschen Grenzen.

Dass man beim Skat nicht gern auf dem Trockenen sitzt, wird in Altenburg schnell augenfällig. Bis heute erhielten sich hier eine Brauerei und eine Destillerie- und Liqueurfabrik. Und beide sind so stolz auf ihre teils weit zurückreichende Historie, dass sie diese auch in kleinen Museen verdichten. Das **Schnapsmuseum** befindet sich Am Anger, wohin vom Parkplatz am Großen Teich ein Parkweg nordwärts führt, das **Brauereimuseum** in der Brauerei. Vom Bahnhof muss man dazu auf der Wettiner Straße drei Querstraßen nach rechts laufen.

Wie verabredet, klingt der Tag im 1876 eröffneten **Lindenau-Museum** aus. Das birgt beispielsweise die größte Sammlung frühitalienischer Tafelbildmalerei nördlich der Alpen. Benannt ist es nach dem sächsischen Minister Bernhard August von Lindenau, der hier auch erstmals seine außergewöhnliche Architektur-, Kunst- und Reisebibliothek öffentlich zugänglich machte.

Lindenau-Museum
Frühe italienische Malerei, antike Keramik, Abguss-Sammlung, Kunstbibliothek, Malerei 15.–19. Jh., deutsche Malerei 20./21. Jh., grafische Sammlung. Gabelentzstr. 5
Tel. (0 34 47) 8 95 53
www.lindenau-museum.de
Di–Fr 12–18 Uhr,
Sa/So/Fei 10–18 Uhr

Kunstturm und Kleiner Teich in Altenburg

Start
Station Geithain
S4, RE 6 und MRB 113
ca. alle 30 Min. ab
Leipzig Hbf.

Radtour
Geithain – Terpitz –
Kohren-Sahlis – Rüdigs-
dorf – Gnandstein –
Frohburg – Eschefelder
Teiche – Fockendorf –
Treben

Länge
35 km

Rückfahrt
Station Treben-Lehma
S5 stündlich nach
Leipzig Hbf.

Karte ▶ Seite130

Gasthof Lindenvorwerk
Alte Wassermühle, Gon-
delteich, deftige deutsche
Küche, reichlich und gut.
Linda Nr. 33
Kohren-Sahlis
Tel. (03 43 44) 6 12 85
www.lindenvorwerk.de
Tgl. 11–22 Uhr, Nov.–Apr.
Mo–Fr bis 17, Sa/So bis
20 Uhr

Kohrener Land

Auf dem Rad ins Mittelalter

**Für das Kohrener Land zu werben, hieße
Burgen in das Tal der Wyhra zu tragen. Überlebte hier doch Sachsens besterhaltene romanische Wehranlage. Mancherorts scheint
gar die Zeit stehen geblieben, etwa im pittoresken Töpferquartier von Kohren-Sahlis
oder im Burgzwinger von Gnandstein.**

Am Bahnhof in **Geithain** folgen wir der Bahnhofstraße bis zum Marktbrunnen. Über die Niko-
laistraße und später die Altenburger Straße kommen wir so nach rechts bald aus der Stadt heraus.
Doch gemach, Geithain lohnt einen Stopp! Schon
wegen seines historischen Rathauses und der
hoch aufragenden **Kirche St. Nikolai**, die direkt
an unserem Weg liegt. Stolz erhebt sie sich über
der alten Stadtmauer aus dem 16./17. Jahrhundert. Bereits 1209 wird sie erwähnt. Aus jener
Zeit stammt auch das enge Stadttor mit seinem
Torhaus, hinter dem wir das kleine Zollhaus entdecken. Es entstand gar auf den Resten einer Bastion aus dem 11. Jahrhundert.

Von der Altenburger Straße zweigen wir spä-
ter nach einem Parkplatz links in den Ossaer
Weg ab. Wir radeln bis zu einem freistehenden
Altneubau, an dem rechts ein Landweg beginnt.
Er trägt das grüne Symbol der Radroute Kohren-
Rochlitzer Land. In gut 4 Kilometern, immer der
Nase nach, erreichen wir **Syhra**. Hier biegt nach
Haus 38 links ein Radweg ab. Ein Wegweiser
zeigt Kohren-Sahlis an. Wir fahren bis zu einer
Schutzhütte, an der wir uns nach rechts orientieren. Nach 2,5 Kilometern rollen wir in **Terpitz**
ein. An einer Gabelung fahren wir aber nicht
rechts auf Kohren-Sahlis, sondern halten uns
immer links. Es geht durch ein Wäldchen, bis
uns nach einer Linkskurve auch Kohren-Sahlis
begrüßt. Wir queren eine Kreuzung, passieren
links den Schmiedeteich und würden gern geradewegs in einen kleinen Rokoko-Park rollen. Er
gehörte einst zum Rittergut. Leider ist er nicht
zugänglich.

So halten wir uns links und erreichen über die Peniger Straße das **Lindenvorwerk**. Das beliebte Ausflugslokal schaut auf eine 175-jährige Historie zurück. Vor allem vom kleinen Gondelteich geht ein einzigartiger Reiz aus. Er lässt sich behaglich mit Ruderbooten, Wassertretern oder großen schwimmenden Schwänen erobern. Eine alte Wassermühle, der Minigolfplatz sowie ein Irrgarten, der alle Sinne ansprechen will, runden das gefällige Ensemble ab.

Vom **Lindenvorwerk** führt der Mausbachweg durch den Wald wieder zurück auf Kohren-Sahlis. Ein Abzweig lockt indes noch vor der Stadt nach links. Ziel ist der **Schwindpavillon** im Ortsteil Rüdigsdorf. Die 1829 errichtete Orangerie in einem kleinen englischen Park verdankt ihren Namen dem spätromantischen Maler Moritz von Schwind. Er verzierte das Lusthäuschen geradezu atemberaubend schön mit Fresken, die Motive des antiken Märchens Amor und Psyche aufnehmen. Nun bilden sie einen traumhaften Rahmen für Konzerte und Trauungen.

Die Schulstraße bringt uns dann flugs nach **Kohren-Sahlis**. Dass das Städtchen bis heute seine uralte Tradition als Hort der Töpferkunst lebt,

Schwindpavillon
Orangerie mit beeindruckenden Wand- und Deckenfresken.
Kohren-Sahlis
(OT Rüdigsdorf)
Tel. (03 43 44) 6 15 47
www.kohren-sahlis.de
Mai–Okt. Mi/Do/Sa/So
13–17 Uhr
Führungsgebühr 6 €

Töpferbrunnen in Kohren-Sahlis

Burg Gnandstein
Besterhaltene romanische
Wehrburg Sachsens. Palas,
Bergfried, Zwingeranlage,
Burggärten, Kapelle, his-
torische Ausstellungen.
Tel. (03 43 44) 6 13 09
www.burg-museum-
gnandstein.de
Feb.–Apr. Di–So 10–17,
Mai–Okt. Di–Fr 10–17 und
Sa/So/Fei 10–18, Nov.–Jan.
Sa/So 10–16 Uhr

spürt man allenthalben. Markant thront der **Töpferbrunnen** auf dem Markt; herrlich vor allem
das dralle Weib darauf. Links davon führt die
enge Wirtsgasse durch Steingärten steil trepp-
ab (Absteigen!) zum putzigen Töpferplatz. Das
ganze Quartier wirkt, als sei die Zeit stehen geblieben. Es könnte locker die Kulisse für mittelalterliche Filme abgeben. So erhielten sich hier
mehrere Werkstätten und ein **Töpfermuseum**. Im
Töpferhaus Arnold etwa drehen sich schon seit
1548 jene Scheiben, auf denen geschickte Hände
anmutige Töpfe, Tassen und Teller aus der glit-
schigen Tonmasse formen.

Von der **Kohrener Burg**, deren Ruine über
allem thront, überlebten nur zwei stumpfe Bergfriede. Doch das verkraften die Einwohner. Denn
unter ihr verläuft der Weg zu einer anderen Burg,
die heute Stolz der ganzen Region ist – **Gnandstein**. Gehen wir die Töpferstraße südwärts hinab
und biegen rechts auf die Gnandsteiner Straße,
gelangen wir schnurstracks zu dieser besterhal-

tenen romanischen Wehrburg Sachsens. Aus der Gründungszeit im frühen 13. Jahrhundert überlebten der Palas (Saal) sowie der Bergfried und die Zwingeranlage. Nach langen und umfassenden Restaurierungsarbeiten sind endlich auch Kaisersaal und Schlossgalerie im Südflügelteil des Museumsrundgangs.

Heute präsentiert sich Gnandstein als museales Gesamtkunstwerk. Es umfasst auch eine spätgotische Kapelle mit drei Flügelaltaren, eine erschröckliche Waffenkammer, Interieur von Barock bis Klassizismus sowie die mittelalterlichen Burggärten. Wer den Bergfried entert, um einen fesselnden Blick über das Kohrener Land zu erhaschen, sollte indes vorsichtig sein: Auf Gnandstein mietete sich auch allerlei Getier ein: Turmfalken, Schleiereulen, Mauersegler sowie gleich sechs Fledermausarten – vom Braunen Langohr bis zum Großen Abendsegler.

Unser weiterer Weg führt links der Burg über den Teichdamm gen Norden. Es wird deutlich

Wirtshaus Zum Tonkrug
Historisches Gasthaus am Fuß der Burg. Spezialität sind rustikale Tafelgelage für Alt und Jung. Nicht ganz billig, aber schon wegen des Ambientes seinen Preis wert. Angeschlossener Töpferladen.
Hauptstr. 14
Gnandstein
Tel. (03 43 44) 6 23 67
Apr.–Okt. tgl. 11–22 Uhr

Töpferei in Kohren-Sahlis

steiler, denn wir müssen den Horndreherberg hinauf. Dann geht es durch das Waldgebiet **Stöckigt** in den dunklen Streitwald. Als der sich lichtet, erspähen wir hinter zwei Teichen die Silhouette von Schloss Wolftitz. Der Bau aus dem 15. Jahrhundert dient heute als Heim für Senioren. Die treffen sich gern unter einem Ginkgobaum im Park.

Hinter dem Schloss biegen wir rechts in die Wolftitzer Straße ein und dann links auf den Radweg parallel zur Kohrener Straße. Jenseits der B 7 führt ein schöner Weg neben dem Flüsschen Wyhra bis **Frohburg**. Gezeichnet ist er mit einer Skat-Eichel, Symbol der Radroute Altenburg-Colditz. Nach 3 Kilometern erreichen wir die Stadt, die für ihre Motorradrennen berühmt ist. Uns interessiert aber eher das **Frohburger Schloss**. Zu dem finden wir über zwei Brückchen vor dem Stadtbad: erst eine über den Wildbach, der von rechts in die Wyhra mündet, dann eine zweite über die Wyhra wenig später nach einer Dreiarmkreuzung auf dem links abbiegenden Weg. Nun müssen wir nur weiter am Ufer entlang. Im Schloss logieren ein Museum zur Bau- und Besitzergeschichte sowie ein Café. Hier stärken wir uns für die letzte Etappe.

Hierzu queren wir die Florian-Geyer-Straße und fahren weiter in einem Park zwischen zwei Teichen hindurch zur B 95. Auf der halten wir uns kurz links und biegen nach der Tribüne der Rennstrecke rechts in den Feldweg Am Kalkbruch. Wir touren an den **Eschefelder Teichen** vorbei und halten uns dann rechts auf den Damm des **Großen Teiches**. Als Orientierung dient nun das **Gasthaus Teichhaus**. Vor diesem geht es links auf einen Wiesenweg, der an einem Gehölzstreifen nach **Eschefeld** führt. Wer kein geländefähiges Rad hat, schiebe hier notfalls ein Stück.

Die Eschefelder Teiche lohnen auch einen Stopp: Sie sind ein Naturschutzgebiet und ein kleines Vogelparadies mit über 100 Vogelarten wie Fischadler, Eisvogel, Schwarzhalstaucher und Blaukehlchen. Im **Teichhaus Eschefeld** be-

Museum Schloss Frohburg
Dauerausstellung zu historischem Spiel, Kunstkeramik. Schlosspark mit Teich.
Florian-Geyer-Straße 1
Tel. (03 43 48) 5 15 63
www.museum-schloss-frohburg.de
Di–Fr 9.30–12 und 13–16 Uhr, Mai–Okt. Sa 14–17, So/Fei 11–17 Uhr

findet sich eine Naturschutzstation des Natur-
schutzbundes NABU. Eine Ausstellung im Hof
zeigt Nisthilfen für Insekten und Vögel und einen
Kräuterhügel.

An der Eschefelder Dorfstraße halten wir uns
rechts, biegen dann links Zum Goldberg ein und
kommen nach dem Dorfteich an eine Gabelung.
Wir nehmen den rechten Feldweg ins Deutsche
Holz. An einer Eiche geht es dann auf einem
breiten Waldweg nach rechts zum **Pahnaer See**.
Der 25 Hektar große See liegt inmitten eines
naturbelassenen Waldgebietes. Neben einem Badestrand gibt es auch ein Strandcafé und einen
Campingplatz.

Vom Pahnaer See halten wir uns weiter geradeaus, bis links (wo der Fußweg endet) ein Weg
in den Wald lockt. Nun geht es immer geradeaus
bis zur Gaststätte Am Stausee (Stausee Win-
dischleuba). An dieser müssen wir rechts nach
Fockendorf. Hier geleitet uns der Mühlgraben bis
zum Wehrweg, der nach links zum Pleißewehr
abzweigt. Jenseits des Flusses geht es links nach
Primmelwitz. Wieder dient uns der Mühlgraben
als Wegbegleiter, bis wir auf die Bahnhofstraße
stoßen. Sie endet am Haltepunkt **Treben-Lehma**.

Teichhaus Eschefeld
Naturschutzstation des
NABU, Ausstellung im Hof
zeigt Nisthilfen für Insek-
ten und Vögel und einen
Kräuterhügel.
Tel. (03 43 48) 5 38 95
www.nabu-sachsen.de/
NABU vor Ort
Mo–Fr 7.30–15 Uhr und
nach Voranmeldung

Gasthof Teichhaus
Gemütliches Restaurant,
Grillhütte zum Selbstgril-
len, Freisitz, altdeutscher
Räucherofen, Pension.
Jeden letzten Freitag im
Monat (Sep.–Feb.) geräu-
cherte Forellen und Karp-
fen (Vorbestellung nötig!).
Teichhaus 1
Frohburg
Tel. (03 43 48) 5 13 17
www.gasthof-teichhaus.de
Mi–So ab 11.30 Uhr

Burg Gnandstein

Start und Ziel
Station Zeitz
EBx 12 und EB 22
stündlich ab
Leipzig Hbf.

Radtour
Zeitz – Haynsburg –
Würchwitz – Suxdorf –
Kloster Posa – Zeitz

Länge
30 km

Karte ▶ Seite 137

**Burgschenke
Zur Haynsburg**
Rustikale regionale Küche,
frisch geräuchert oder am
Spieß gebraten, kostü-
miertes Personal, Biergar-
ten direkt unterhalb des
Bergfrieds.
Hauptstr. 10
06712 Haynsburg
Tel. (03 44 25) 3 06 67
Mo 11–14, Di–So ab 11 Uhr
durchgehend geöffnet
www.zur-haynsburg.com

Zeitzer Land

„Mächtig gewaltig, Egon!"

**Die Dreiländerregion zwischen Sachsen-
Anhalt, Thüringen und Sachsen nennt sich
Osterland. Sie erinnert so an ihre frühe Geschichte, da die Mark Zeitz ab 985 Teil des
Heiligen Römischen Reiches war. Manch
spannende neuere Geschichte hingegen
muss man selbst entdecken.**

Für gebürtige Ostdeutsche führt die Tour gewissermaßen zu frühen Wurzeln. Denn alle Baby-
kutschen, die einst zwischen Rügen und Vogtland
rollten, entstanden in Zeitz. Bis 1990 arbeitete hier
Europas größte Kinderwagenfabrik. Viel blieb davon nicht übrig. Doch nun sind wir ja alt genug,
um uns auf zwei Rädern allein fortzubewegen.

So nehmen wir vom Bahnhof die Fußgängerbrücke über die Elster. Sie bringt uns zum
Elsterradweg. Wir biegen in diesen links ein und
vertrauen uns seiner Ausschilderung an. Sie führt
uns sicher durch die zuweilen verschachtelte und
recht bergige Altstadt. Es geht am Mühlgraben
entlang und unter einer Straßenbrücke hindurch.
Mal queren wir den Bach nach rechts, später nach
links. Nun verläuft der Radweg parallel zur Forststraße. Wir lassen den Gasthof „Zur Tanne" hinter
uns und erreichen eine kleine Gabelung. Wir
biegen rechts Richtung **Haynsburg** ab. Schon von
Weitem ist deren freistehender Bergfried auszumachen, der nach 5 Kilometern erreicht ist.

Wer mag, entere den Turm – es lohnt! Bei
guter Sicht lässt es sich weit ins Elstertal spähen.
Bereits 1238 erwähnt eine Urkunde die Haynsburg als befestigten Ort. Offenbar waren die
Zeiten rau. Denn die Mauern des Rundturms sind
satte 4,54 Meter stark. Wenig Platz also im Inneren für flüchtendes Volk. Heute beherbergt das
schön sanierte Kastell ein Heimatmuseum.

Weiter geht es von der Hauptstraße links in die
Forststraße. Wir durchradeln **Goßra** und biegen
später links nach **Schlottweh** ab. Hier halten wir
uns rechts auf **Schneidemühle**. Dort zweigen wir
an einer Kreuzung halbrechts nach **Ossig** ab. Nun

Turmwindmühle in Suxdorf

flankiert uns das geschützte Aga- und Elstertal. In Ossig müssen wir ziemlich nah am Dorfeingang links abbiegen. Nächstes Ziel ist **Droßdorf**. Die Landschaft bekommt mehr Konturen, wird hügeliger, und das spüren wir auch in den Schenkeln. Es geht einen langen Berg hinauf. Nach Droßdorf folgen über eine mehrfach geflickte Asphaltpiste weitere drei Dörfer – verbunden durch Felder und Wiesen, auf denen Kühe grasen und Pferde balgen: erst **Rippicha** mit seiner hohen spitzen Kirche und der flügellosen Turmwindmühle, dann **Röden**, schließlich **Geußnitz**. Hier biegen wir links in die Hauptstraße ein und nehmen dann rechts den Weg in Richtung Steinbrüchen.

Knapp 4 Kilometer später empfängt uns **Würchwitz**, Heimat der Osterländer **Olsenbande**. Nein, das ist kein Witz. Die dänischen Originale höchstselbst bescheinigten einem Trüppchen Amateurfilmer aus Würchwitz, dass sie ihnen mit ihren kurzweilig-intelligenten Streifen am nächsten kämen. Wer es nicht glaube, steuere die Vinothek Saale-Unstrut des **Weingutes Triebe** in der Mittelstraße an. Dazu biege man in Würchwitz links auf die Hauptstraße und folge ihr, bis sie auf die Bockwitzer Straße stößt. Dann noch zweimal kurz

Turmwindmühle Suxdorf
Außen komplett restauriert, innen nicht funktionsfähig. Besitzer führt gelegentlich interessierte Besucher (möglichst vorher anmelden).
Eberhard Oertel
Windmühlenweg
06712 Suxdorf
Tel. (03 44 26) 2 13 09

Weingut Triebe
Gut sortiertes Angebot
vom eigenen Weinberg
sowie von fast allen Erzeu-
gern des Saale-Unstrut-
Elster-Anbaugebietes.
DVDs mit den Filmen der
Würchwitzer Olsenbande.
Vinothek & Weinstube
Mittelweg 18
06712 Würchwitz
Tel. (03 44 26) 2 14 20
www.weingut-triebe.de
Di. 10–18, Fr/Sa 14–18 Uhr
und nach Vereinbarung

Milbenkäsemuseum
Helmut Pöschel
Sporaer Straße 8
06712 Würchwitz
Tel. (03 44 26) 2 13 46
www.milbenkaesemuse-
um.de

Kloster Posa
Verein zur Förderung der
ländlichen Region Süd
Sachsen-Anhalt e.V.
06712 Zeitz
Tel. (0 34 41) 22 64 68
So 10-16 Uhr sowie nach
Vereinbarung
Führungen auf Anfrage.

links und man ist bei Hubertus Triebe, den man in
der Region weithin auch als „Benny" kennt. Derzeit lässt ihm sein Betrieb wenig Zeit dafür, doch
zieht der 1,96 Meter große Landwirt und Winzer
die Hochwasserhose und das karierte Sakko über,
wirkt er wie ein Zwilling des dänischen Stotter-
ganoven. Fast zwangsläufig entfährt einem das
sprichwörtliche „Mächtig gewaltig, Egon!"

Ihre liebenswerten Gaunereien leben nicht
zuletzt vom regionalen Kolorit, so wenn sie in
Würchwitz einen kostbaren **Milbenkäse** mausen
wollen. Milbenkäse? Wer auch das für einen fil-
mischen Gag hält, schaue um die Ecke in der Spo-
rarer Straße 8 vorbei. Unterwegs begegnet er an
einer Kreuzung einem Monsterinsekt aus weißem
Marmor. Ja, das sei ein Denkmal für die Millionen
von Milben, die auf Würchwitzer Käsestangen sit-
zen, grient Helmut Pöschel.

Der frühere Biolehrer hat sein Häuschen zu
einem überaus schrägen **Milbenkäsemuseum** ausgebaut – gewidmet den winzigen Achtfüßlern und
jenem „lebendigsten Käses der Welt". Da er ver-
dutzte Blicke gewöhnt ist, erläutert er: Die Käse-
milben leben auf dem ma-
geren Frischkäse und mit
ihrem Speichel bewirken
sie, dass die Rohmasse
fermentiert. Nur noch we-
nige alte Frauen im Dorf
beherrschten diese im
Osterland einst gängige
Form der Milchveredelung. Pöschel bewahrte sie
nicht nur vorm Ausster-
ben – er ist auch geistiger
Vater der Olsenbande. Er
schreibt die Drehbücher,
führt Regie und lädt gern
Besucher in seine kauzige
Wunderwelt.

Zeit für die Rückfahrt.
Sie führt uns im Nachbar-
ort **Suxdorf** an einer weitaus intakteren **Turmwindmühle** vorbei. Stolz reckt
sie Flügel und Windrose.

Ist Freizeitmüller Eberhard Oertel daheim, lässt er Interessierte auch mal in ihr Inneres blicken. Im Übrigen war auch sie schon Schauplatz einer erschröcklichen und doch wahren Filmgeschichte von Helmut Pöschel. Wir radeln weiter, erst nach **Bockwitz**, von hier kurz nach dem Ort auf einem schmalen Weg rechts nach **Loitsch** und dann nordwärts nach Sprossen. Hier biegen wir links ab, rollen durch **Gleina** und orientieren uns kurz vor Zeitz nach rechts auf der **Elsterweinroute**. Sie bringt uns zum früheren **Benediktinerkloster Posa**. Hier lebte die uralte Zeitzer Weintradition auf. Bis anno 967 ist sie nachgewiesen.

In der Nachmittagssonne erreichen wir die gut ausgeschilderte Moritzburg, Herzstück des alten Zeitz. Zur Landesgartenschau 2004 feierte der gesamte Komplex samt der Orangerie und des kleinen Domes St. Peter und Paul fröhlich Urständ. Fast 600 Jahre residierten Bischöfe in Zeitz. Unter ihnen entstanden auch die trutzige romanische Michaeliskirche in der Oberstadt und ein einzigartiges unterirdisches Gang- und Gewölbelabyrinth. Darin lagerten die Zeitzer einst ihr Bier.

Museum Schloss Moritzburg
Deutsches Kinderwagenmuseum, Ausstellungen zur Regionalgeschichte.
Schlossstraße 6
06712 Zeitz
Tel. (0 34 41) 21 25 46
www.zeitz.de
Di–So 10–17 Uhr

Zeitzer Bierkeller
Im Stadthotel „Drei Schwäne", rustikales Gewölbe, junges kreatives Küchenteam, regionale gutbürgerliche Küche aus ausschließlich frischen Zutaten und vielen heimische Produkten.
Altmarkt 6
06712 Zeitz
Tel. (0 34 41) 21 26 86
www.hotel-drei-schwaene.de
Tgl. ab 11 Uhr

Westen

Burg Giebichenstein in Halle an der Saale
▸ Seite 146

Lützen – Lausen – London

Start und Ziel
Station Miltitzer Allee
S1 alle 30 Min. ab
Leipzig Hbf.

**Rad- oder
Wandertour**
Grünau – Kulkwitzer
See – Elster-Saale-Rad-
wanderweg – Lützen
und zurück

Länge
25 km (inkl. See-
umrundung)

**Einst Leipzigs Badewanne, ist der Kulkwitzer
See immer noch das Riesenplanschbecken
der Grünauer. Doch die neuen Seen im Sü-
den werden noch lange brauchen, um jene
Infrastruktur auf die Beine zu stellen, die der
„Kulki" schon lange zu bieten hat – darunter
Wasserski- und Wakeboardanlage, Hochseil-
garten, Tauchschulen, endlose Strände sowie
einen Rundum-Parcours. Und nun geht es im
Sattel von hier auch noch nach Lützen.**

Auch der **Kulkwitzer See** war einst Braunkohle-
tagebau, wurde Mitte der 1960er-Jahre geflutet
und nennt sich seit 1973 Naherholungsgebiet.
Bis heute ist sein Wasser Maßstab für Badeseen
in ganz Mitteldeutschland. Wegen seiner spannenden Unterwasserfauna und -flora zählt er
überdies zu den Top 10 der bundesweit spektaku-
lärsten Tauchgewässer.

Das bemerkt der Walker, Radler oder auch
Surfer freilich nicht. Er findet indes Schatten
unter mittlerweile hochgewachsenen Bäumen,
döst nach dem Schwimmen auf längst tief ver-
wurzelten Liegewiesen oder kann seinen Bello im
Pappelwald zwischen Göhrenz und Markranstädt
von der Leine lassen. Leider wird die originelle
Schiffsgaststätte momentan nicht bewirtschaftet.
Doch das ändert sich womöglich bald schon wieder. Immerhin hatte es reichlich Aufsehen erregt,
als die 53 Meter lange MS „Frieda", ein früherer
Saale-Lastkahn, 1972 in drei Teile zerlegt ange-
rollt kam und am Ufer wieder verschweißt wurde.

Fraglos lässt sich am Kulki ein ganzer Tag verbringen, wahlweise voller oder auch ohne allen
Müßiggang. Oder sogar ein mehrtägiger Urlaub,
wie das Ferienressort aus einer Halbinsel am Ostufer belegt. Doch seit der See Anschluss an den **Elster-Saale-Radweg** bekam, bietet sich ein Ausflug
ins nur 10 Kilometer entfernte geschichtsträchtige
Lützen an. Praktisch rollt man damit auf der alten
Bahntrasse Lützen – Lausen – London, wie Volkes
Mund einst über die Nebenstrecke witzelte. Denn

**Gaststätte Rotes Haus,
Kulkwitzer See**
Klinkerbau, der 1953 als
Transformatorenstation
für den Tagebau errichtet
wurde. Heute als Strand-
und Ausflugsgaststätte
beliebt. Große Seeterrasse
nach Süden, schöner
Innenraum, Kaminofen.
Barbecue mit Lachs,
Steaks, Salaten und kühlen
Drinks. Hausgemachtes Eis.
Straße am See (Ostufer)
Tel. (03 41) 7 10 76 48
Apr.–Okt. tgl. ab 9.30,
Nov.–März Sa/So ab 12 Uhr

die neue Radpiste wurde in der Tat über das Gleisbett der stillgelegten Bahnlinie asphaltiert.

Wir starten dazu – vom S-Bahnhof Miltitzer Allee kommend – beim **Hochseilgarten** am Ostufer und rollen immer am Seeufer entlang südwärts Richtung **Lausen**. Es folgen die Dörfer **Göhrenz** und **Seebenisch**.

Haben wir **Räpitz** erreicht, sind es nur noch exakt 3,1 Kilometer bis zu einer Wegkreuzung bei **Meuchen**, die uns nach rechts zum Lützener **Martzschpark** empfiehlt. Der zeigt sich recht vielfältig mit einem kleinen Heimattierpark, einem Kletterwald und einem hoch aufragenden Gedenkbaldachin vor einer schönen Kapelle. Hier weht überraschend eine schwedische Fahne. Eine Tafel davor klärt indes schnell auf: In der Schlacht bei Lützen, einem der Hauptscharmützel des Dreißigjährigen Krieges, war im November 1632 Schwe-

Gustav-Adolf-Gedenkstätte Lützen
Erinnert wird an den 1632 im Dreißigjährigen Krieg bei Lützen gefallenen Schwedenkönig Gustav II. Adolf. Zur Gedenkstätte gehören eine Kapelle von 1907 und zwei schwedische Holzhäuser.
Gustav-Adolf-Straße 42
Tel. (03 44 44) 2 03 17
www.luetzen-info.de
März/Nov. Di–So 10–16, Apr.–Okt. Di–So 10–17 Uhr
Führungen jede halbe Stunde.

Abendstimmung am
Kulkwitzer See

denkönig Gustav II. Adolf gefallen. Er führte damals das protestantische Heer gegen die katholischen kaiserlichen Truppen unter Wallenstein an.
Den 1837 eingeweihten gusseisernen Baldachin
entwarf übrigens Karl Friedrich Schinkel.

Die **Gustav-Adolf-Gedenkstätte** liegt direkt an
der B 87, über die es nur wenige hundert Meter in
die historische **Lützener Altstadt** sind. Der Markt
protzt mit kompakter Geschlossenheit im Stil der
Neurenaissance. Und natürlich thront auch am
1884/1885 errichteten Rathaus eine überlebensgroße Sandsteinfigur des Schwedenkönigs. Mehrere kleine Cafés laden hier zum Verweilen ein.

Mehr zur Geschichte der Stadt und über die
berühmt-berüchtigte Schlacht von 1632 erfahren wir im **Stadtmuseum**. Das quartierte sich im
Lützener Schloss ein und zeichnet anhand eines
Großdioramas das blutige Gemetzel nach.

Für die Rücktour Richtung Leipzig empfiehlt es
sich, vom Schloss aus durch die Straße Rosental
zu fahren und von hier weiter über die Meuchener und die Lützner Straße. So gelangen wir wieder
auf den Elster-Saale-Radweg und damit zurück
zum Kulki, den wir nun noch ganz nach Lust und
Laune linker Hand umrunden können.

Museum Schloss Lützen
Große Dioramen zu historischen Schlachten, Ausstellung über den Dichter
Johann Gottfried Seume.
Schlossstr. 4
Tel. (03 44 44) 2 02 28
März/Nov. Di–So 10–16,
Apr.–Okt. Di–So 10–17 Uhr

Park Restaurant Lützen
Originelles Steakhaus mit
breiter Karte.
Gustav-Adolf-Str. 38
Tel. (03 44 44) 2 06 79
Di–Sa 11–23, So 11–21 Uhr

Halle – Leipzig

Inter-City-Express

Per Zug nach Halle und im Sattel geruhsam zurück nach Leipzig – eine reizvolle Vorstellung. Die familienfreundliche flache Tour verbindet beide Metropolen auf sympathische Weise. Die Radwege führen meist am Wasser entlang. Unterwegs sorgen Kulinarisches, Lehrreiches und Besinnliches für angenehme Zwischenaufenthalte.

Die S-Bahn bringt uns in 32 Minuten zum Bahnhof **Halle-Messe**. Von hier radeln wir zunächst südwärts in Richtung **Bruckdorf** und kommen so schnell bis zur B 6. Wenn wir uns hier ein Stück links halten, erreichen wir eine Ampel über die Bundesstraße. Gleich hinter der Brücke über die **Reide** geht es weiter nach Süden, nun direkt am Ufer entlang. So rollen wir geradewegs in den schönen **Dieskauer Schlosspark** (▶ Seite 21).

   Nun säumen auch größere Gewässer unsere Route: erst zur Linken der **Große Mühlteich**, dann – nachdem wir über eine Brücke auf die andere Seite der Reide gewechselt sind – der bei Kanuten und Ruderern beliebte langgestreckte **Osendorfer See**. Der Weg kreuzt eine Bahnlinie und eine Landstraße und mündet schließlich auf den Gose-Weg – benannt nach einer hier kräftig wiederbelebten obergärigen Biersorte (▶ Seite 16).

   Der Gose-Weg geleitet uns nach **Döllnitz**, wo man im alten Rittergut wieder Gose braut. Wir folgen der Route auf der Döllnitzer Hauptstraße gen Lossau, lassen uns von „Gose-Weg"-Schildchen auf den autofreien Damm der Weißen Elster leiten und wechseln bei Lossau das Ufer. Denn so rollen wir zwischen **Wallendorfer See** und **Raßnitzer See** (Baden erlaubt!) einem hölzernen **Aussichtsturm** entgegen. Von seiner Kanzel lässt sich das gelungen renaturierte frühere Salzkohlerevier gut überblicken.

Start
Station Halle-Messe
S3 alle 30 Min. ab
Leipzig Hbf.

Radtour
Halle-Messe – Bruckdorf – Dieskau – Döllnitz – Burgliebenau – Lützschena – Auensee – Clara-Zetkin-Park – Leipziger Innenstadt

Länge
37 km

Karte ▶ Seite 144

Pause im Palmengarten

Wenig später führt eine Brücke auf die linke Elsterseite zurück. Fortan geht es auf dem **Elster-Radweg** anfangs durch kleine Dörfer, dann durch idyllische Flusslandschaften unverfehlbar Leipzig entgegen. Der Weg ist nun zunächst das Ziel.

Hinter **Modelwitz** wird der Elster-Radweg zur Mogelpackung, denn nun rollen wir plötzlich an der Luppe entlang. Doch das stört nicht. Achten wir lieber darauf, dass wir bei **Lützschena** nicht links den weißen Pavillon am Wegesrand übersehen. Denn er lockt durchaus berechtigt zu einem Abstecher in den Ort. Über Kopfsteinpflaster und eine hölzerne Elsterbrücke geht es in den gepflegten Schlosspark. Herrlicher alter Baumbestand umfasst hier mehrere kleine Tempel, Kapellen und Gewässer – darunter der Diana-Tempel, der in den gleichnamigen Teich ragt.

Der nächste Zwischenstopp wartet dann bereits am **Auensee**. Wer mag, gönne sich hier in der possierlichen Parkeisenbahn eine Runde um das 12 Hektar große Gewässer. Wenig bekannt ist heute noch, dass auch seine Geschichte eisen-

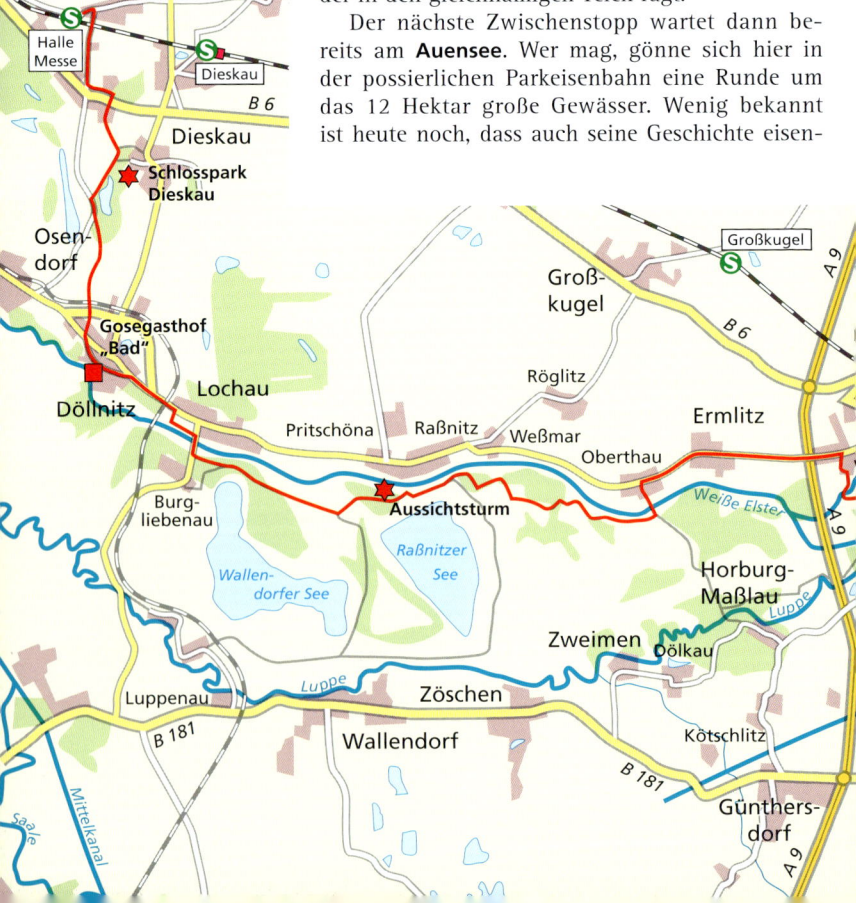

bahnhistorisch bedeutsam ist. Denn hier wurde Anfang des 20. Jahrhunderts der Kies für den Bau des Leipziger Hauptbahnhofs abgebaggert.

Kurz nach dem Auensee hat dann auch fluss-technisch alles wieder seine Richtigkeit. Nun vereinen sich sogar Luppe, Elster und Nahle zum gewaltigen Elsterflutbecken. Wir passieren bald darauf das Zentralstadion und gönnen uns dann schon die nächste Pause: im **Palmengarten**, der gleich nach der Kanalbrücke über die Jahnallee beginnt. Große Spiel- und Liegewiesen und zahlreiche Bänke laden zum Verschnaufen ein. So kann es dann ganz nach Belieben irgendwann weiter am Elsterbecken durch den **Clara-Zetkin-Park** gehen. Mit der Käthe-Kollwitz-Straße müssen wir noch einmal eine Hauptstraße queren, um aber sofort wieder in den Park zu rollen. An der Anton-Bruckner-Allee halten wir uns schließlich links und gelangen so über den Johanna-Park in die Innenstadt.

Auwaldstation Lützschena
Eintrittspforte in das Naturschutzgebiet Burgaue und den Schlosspark Lützschena.
Auch Direktverbindung vom Hbf. mit Tram 11
Schlossweg 11
Tel. (03 41) 4 62 18 95
www.auwaldstation.de
Tgl. 9–16 Uhr

Bergzoo Halle
Halles Tiergarten besticht
schon durch seine Lage
auf dem Reilsberg, einem
130 Meter hohen Hügel.
Fasanenstr. 5a
Tel. (03 45) 5 20 33 00
www.zoo-halle.de
Jan./Feb. Mo–Fr 9–16 Uhr,
März Mo–Fr 9–16 Uhr,
Sa/So/Fei 9–17 Uhr,
Apr.–Okt. Mo–Fr 9–17 Uhr,
Sa/So/Fei 9–18.30 Uhr,
Nov./Dez. 9–16 Uhr

Halle

Über sieben Brücken

**Wenn Halle die Saale nicht hätte – man
müsste sie erfinden. Denn sie fließt mitten
durch die Stadt und verzaubert mit wunderschönen Flussarmen, Brücken und Inseln.
Hoch über ihrem Ufer steht auch die Ruine
der Burg Giebichenstein aus dem 9. Jahrhundert.**

Wir starten unsere Halle-Stadttour an **Reichardts
Garten**, wohin uns die Tramlinie 7 vom Hauptbahnhof aus bringt (Haltestelle Burg Giebichenstein und 200 Meter die Seebener Straße nordwärts – hier dann rechter Hand). Er gilt unter historischem Aspekt als Halles bedeutendste Grünanlage. Denn wo sich heute gern Familien mit
Kindern tummeln, traf sich im 18. Jahrhundert
der Komponist Johann Friedrich Reichardt mit
Geistesgrößen seiner Zeit. Selbst Goethe schaute
gelegentlich vorbei.

Einen Katzensprung ist es zur nächsten Station, der **Burg Giebichenstein** auf einem Felsen
über der Saale. Auch hier verkehrte einst viel
Kunstelite. Joseph von Eichendorff nannte sie zu
Beginn des 19. Jahrhunderts respektvoll das „ver-
fallene Schloss" und ließ sich von ihr für seine
poetischen Arbeiten inspirieren. Heute beherbergt
Burg Giebichenstein den Campus Kunst der Hallenser Hochschule für Kunst und Design. Doch
Torturm und Gewölbekeller sind auch wieder für
jedermann zu besichtigen.

Anschließend wechseln wir nur über eine enge
kopfsteingepflasterte Gasse zum **Amtsgarten**. Die
gut fünf Hektar große Anlage rechts neben der
Burg – 1740 als Barockgarten angelegt – arbeitet sich langsam einen Hügel hinauf. Vor allem
gefällt sie mit einem unerwartet zügigen Wechsel
verschiedener Anmutungen. Grünflächen, große
alte Bäume, Promenadenwege, breite Gehölzstreifen, unverfugte Natursteinmauern, ein Schwanenteich und umrankte Laubengänge gehen fast
nahtlos ineinander über – und schaffen so zugleich reizvolle Kontraste. Vom Amtsgarten geht

Burg Giebichenstein thront
über der Saale

es etwas steil hinunter zum breiten **Saaleufer**.
Mehrere Fahrgastschiffe liegen an den Stegen
vertäut. Auf der gegenüberliegenden Seite grüßen
der berühmte „Krug zum grünen Kranze" sowie
die auf einem Hügel thronende Petruskirche im
Stadtteil Kröllwitz.

Wir wandern weiter stadteinwärts. Nach etwa
einer halben Stunde erreichen wir den **Heinrich-
Heine-Felsen**. Eine Treppe führt hinauf in den
gleichnamigen Park, der ab 1870 anstelle eines
mittelalterlichen Steinbruchs und späteren Weinberges angelegt wurde. Wir durchstreifen ihn gemächlich und treffen an dessen Fuß auf die Och-
senbrücke. Sie führt uns erneut über die Saale.
Wir sind an der **Ziegelwiese**, einer Grünanlage
mit einem großen Teich.

Nun halten wir uns – immer noch die Saale
im Blick – halbrechts und stoßen so an der für
Autos gesperrten Peißnitzstraße auf die Brücke
der Freundschaft. Hinter ihr beginnt die **Peißnitzinsel**, eine der belebtesten Grünzonen Halles.
Jährlich am letzten Augustwochenende zieht sie
Hunderttausende zu Laternenfest und Bootskor-
so an. Unmittelbar nach der Station des kleinen
Peißnitzexpresses geleitet der Weg zum **Raumflug-**

Burg Giebichenstein
Freiluftmuseum und Aus-
sichtsturm.
Apr.–Okt. Di–Fr 10–17 Uhr,
Sa/So 10–18 Uhr

**Reichardts Garten/
Amtsgarten**
In beiden Parks werden
separate Führungen ange-
boten. Informationen über
Stadtmarketing Halle:
Tel. (03 45) 1 22 79 15

**Halloren-
und Salinemuseum**
Darstellung der Salzge-
winnung, Schausieden,
Präsentation des Silber-
schatzes der Halloren
(wertvolle Becher und
Pokale).
Mansfelder Str. 52
Tel. (03 45) 2 09 32 30
www.salinemuseum.de
Di–So 10–17 Uhr
Eintritt 3,50 €

Planetarium. Das nennt sich nach dem ersten
deutschen Weltraumgast noch immer „Sigmund
Jähn". Das Haus von 1978 fasst 180 Sitzplätze
und bietet auch tagsüber ein breites populärwis-
senschaftliches Programm über Sonne, Mond und
die restliche Himmelswelt.

Weiter treibt es uns in Richtung der Südspitze der Insel. Über die schnurgerade Birkenallee
laufen wir, vorbei an der Freilichtbühne, zum
früheren Gut Gimritz. Das bettet sich in einen
Park, der Botaniker die Zunge schnalzen lässt. Zur
erlesenen Flora gehören eine Gurkenmagnolie, ein
stachelloser Lederhülsenbaum, ein Ginkgo und
ein Tulpenbaum. Über die Schafbrücke geht es
entlang der Elisabethsaale durch den Sandanger.
Wir erreichen die Mansfelder Straße, halten uns
links, queren mit der Elisabethbrücke ein letztes
Mal die Saale.

Wer noch etwas Puste hat, laufe indes weiter.
Denn wenig später beginnen die innerstädtischen
Highlights der Saalemetropole. So das **Halloren-
und Salinemuseum**. Im Grunde liegen in diesem
industriegeschichtlich herausragenden Ensemble
die Wurzeln der Stadt. Anno 806 fand „Halla" als
Ort an den Salzquellen erstmals Erwähnung. Die
Mansfelder Straße weiter geradeaus und dann in
die Domstraße gelangt man zum
Dom, eine turmlose einstige Kirche des 1271 gegründeten Domi-
nikanerklosters. Er zählt zu den
frühesten Hallenkirchen Mitteldeutschlands. Experten preisen
vor allem die bemerkenswerte
Akustik in der lang gestreckten
Pfeilerhalle.

Der **Markt**, den man vom Dom
über die Kleine Klausstraße erreicht, wird hingegen weithin
sichtbar von der großen vier-
türmigen **Marienkirche** überra-
gt. Ihre spätgotischen Westtürme
sowie die Hausmannstürme prägen maßgeblich das Gesicht des
Platzes. Schon Martin Luther predigte hier. Nicht zuletzt die in
der Sakristei aufbewahrte Toten-

Am Saaleufer

maske Luthers und der Abdruck seiner Hände erinnern daran.

Vom Markt her entwickelte sich einst auch Halle. Sage und schreibe 14 Straßen enden hier. Renaissancebauten und Fachwerkhäuser erinnern an frühere Jahrhunderte. Ins Auge fallen auch der **Eselsbrunnen**, der vier Meter hohe **Roland** von 1854 am Roten Turm und natürlich das einzige deutsche Denkmal für den größten Sohn der Stadt, den Komponisten Friedrich Händel (1685-1759). Auch die schmucke Oper am Universitätsring, nördlich des Marktes über die Große Ulrichstraße erreichbar, fühlt sich ihm im Besonderen verpflichtet.

Vom Universitätsring westwärts gelangt man über den Moritzburgring zur **Moritzburg**. Die spätgotische Vierflügelanlage beherbergt die sehenswerte Staatliche Galerie Moritzburg. Erst 2008 wurde die Burg auf spektakuläre Weise erweitert, indem das alte Gemäuer mit einem modernen Überbau sehr zurückgenommenauthentisch rekonstruiert wurde.

Eine Stadt in der Stadt bilden die **Franckeschen Stiftungen** neben der Hochstraße im Süden des Zentrums. Sie gehen auf den Professor und Pfarrer August Hermann Francke zurück, der 1695 aus Spendengeldern eine Armenschule gründete. Aus ihr entwickelte sich eine Schulstadt mit Erziehungsanstalten und Wirtschaftsgärten sowie Apotheke, Buchdruckerei und eigener Landwirtschaft. Das historische Fachwerkensemble, darunter das mit über 100 Metern Länge größte Fachwerkhaus Europas, ist ein Freilichtmuseum besonderer Art und mittlerweile weitgehend restauriert.

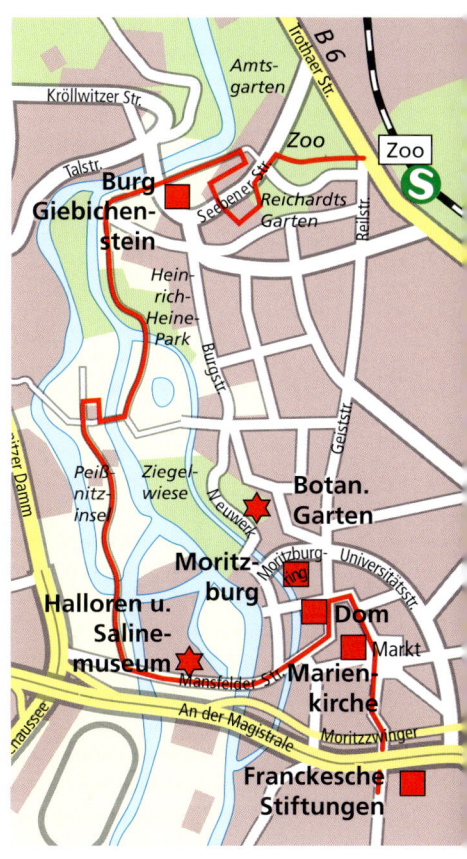

Start
Haltestelle Moritz-
burgring
Tram 7 ca. alle 15 Min.
ab Halle Hbf.

Spaziergang
Botanischer Garten –
Ziegelwiese – Peißnitz-
insel – Geologischer
Garten – Dölauer
Heide – Heidesee

Länge
10 km

Rückfahrt
Station Halle-Nietleben
S7 alle 30 Min. nach
Halle Hbf.

Karte ▶ Seite 153

Halle & Heide

Eine Stadt im Grünen

**Seltene Pflanzen, uralte Steine, eine pos-
sierliche Eisenbahn auf einer grünen Insel,
ein stählerner Aussichtsturm und ein See,
der mal eine Kohlegrube war, bilden die
Eckpunkte dieser kurzweiligen Wanderung
durch die Saalemetropole.**

26 Parks und öffentliche Gärten, darunter mehrere auf der Landesroute „Gartenträume – Historische Parks in Sachsen-Anhalt", laden zum
Lustwandeln, Wandern, Joggen oder Radfahren.
Parks und Gärten, Wald und Heide sowie Fluss-
und Auenlandschaften prägen etwa 53 Prozent
der Stadtfläche. Damit ist Halle eine der grünsten
Großstädte Deutschlands.

Und selbst innerstädtisch erhielt sich die
Saalemetropole grüne Inseln wie den **Botanischen
Garten**. Er ist heute unser erstes Ziel auf einer grünen Halle-Tour. Deshalb steigen wir am
Hauptbahnhof in die Straßenbahnlinie 7 und
lassen uns zunächst bis zum Moritzburgring bringen. Dort gehen wir in Fahrtrichtung gesehen
rechts in den Moritzburgring hinein und biegen
wenig später erneut rechts in die Große Wallstraße ein. Nun liegt der mehr als 300 Jahre alte
Botanische Garten schon fast vor uns.

Als ihn die Universität anno 1698 zunächst als
Lehr- und Forschungssammlung anlegte, war er
der erste seiner Art im damaligen Preußen. Heute
vereinen sich auf der Fläche von über zehn Fuß-
ballfeldern 12 000 verschiedene Pflanzen. Darunter befinden sich verschiedene pflanzen-geogra-
fische Sektoren wie das Alpinum, eurasische und
amerikanische Steppenanlagen, Hochstauden-
fluren und eine Waldanlage. Zusammen mit den
Schaugewächshäusern können wir so in kurzer
Zeit eine Weltreise durch verschiedene Regionen
der Erde unternehmen.

Nach diesem kunterbunten Auftakt wandern
wir weiter durch die Große Wallstraße, biegen
links in die Straße Am Kirchtor ab und erreichen so die Straße Neuwerk. Wir gehen bis zum

Heidesee in der Dölauer Heide

Fußgängerüberweg und wenden uns dann nach links in die Peißnitzstraße. So stoßen wir auf die nächste grüne Lunge, die **Ziegelwiese**.

Wir schlendern durch das weitläufige Grün links am Teich vorbei und gelangen so über die Brücke der Freundschaft. Sie führt auf die **Peißnitzinsel** (▶ Seite 147). Wir halten uns zunächst rechts, gehen bis zum Planetarium, schwenken dann wieder links und später erneut rechts. So verlassen wir die Peißnitzinsel auf dieser Tour relativ zügig wieder über die Schwanenbrücke.

Von der Schwanenbrücke führt der Weg bis zur Heideallee. Hier gehen wir nach rechts bis zur nächsten Kreuzung, überqueren die breite Allee, biegen links in die Walter-Hülse-Straße und später rechts in die Theodor-Lieser-Straße ein. Diese führt an der zweiten Kreuzung rechts zum Von-Seckendorff-Platz und weiter in das Karree des Fachbereichs Geowissenschaften der Martin-Luther-Universität Halle/Wittenberg. Unter der Woche wimmelt es hier von Studenten, am Wochenende ist es dagegen lieblich still zwischen den 40 Findlingen aus allen Ecken Deutschlands, die sich als **Geologischer Garten** locker um einen kleinen Teich gruppieren. Manch einer der Magmatite, Sedimentgesteine und Metamorphite

Botanischer Garten
Am Kirchtor 3
Tel. (03 45) 5 52 62 71
www.botanik.uni-halle.de
Mai–Mitte Okt. Mo–Fr
14–18, Sa/So/Fei 10-18 Uhr

Geologischer Garten
40 erdgeschichtlich interessante Findlinge um einen kleinen Teich.
Von-Seckendorff-Platz 3 (Innenhof des Instituts für Geowissenschaften der Universität) Führungen auf Anfrage.
Tel. (03 45) 552 60 92
www.geo.uni-halle.de/geologischer_garten

Heidegaststätte Waldkater
Ältester Heidegasthof
Halles, direkt am Eingang
zur Dölauer Heide. Bier-
garten. Gutbürgerliche
Küche mit Schwerpunkten
Fisch und Wild, umfang-
reiches Kaffeeangebot.
Waldkater 1
Tel. (03 45) 6 80 11 22
www.waldkater.eu
Di–So ab 11 Uhr

Freibad am Heidesee
Am Heidebad 10
Tel. (03 45) 6 90 27 03
www.heidebad.com
Apr.–Mai/Sep. tgl. 10–18,
Juni–Aug. tgl. 9–20 Uhr
Kassenschluss ist eine
Stunde vor Schließung

Gasthaus Waldkater

wiegt seine 30 Tonnen. Wer konzentriert von
einem Felsbrocken zum nächsten wandert, macht
dabei zugleich Riesensätze. Denn diese sind so
platziert, dass der Weg zwischen ihnen quasi als
Zeitstrahl die Länge der einzelnen erdgeschicht-
lichen Epochen vom Präkambrium bis zum Quar-
tär symbolisiert.

Nun ist es nicht mehr weit bis zur **Dölauer
Heide**, Halles größtem Grüngürtel. Dazu gehen
wir zurück auf die Theodor-Lieser-Straße, laufen
vor bis zum Von-Danckelmann-Platz und dann
rechts erneut in die Heideallee. Hier halten wir
uns links, erreichen nach wenigen Minuten die
Straße Heidehäuser, in die wir nur kurz links einbiegen, um nach einigen Schritten gen rechts den
Hubertusplatz zu erreichen. Dieser führt uns nun
geradewegs in den 740 Hektar großen Mischwald. Schon lange dient das Landschaftsschutz-
gebiet Dölauer Heide den Hallensern als Aus-
flugsrefugium. Gut ausgebaute und beschilderte
Wege belegen dies. Dabei rankt sich bis heute
manche teils gruselige Geschichte um die Dölauer
Heide – etwa die vom **Selbstmörderfriedhof**. Dass
es den gab, bestätigte jüngst auch der Sänger
Wolf Biermann nach einem Halle-Konzert: Ja, in
Grab 48 ruhe sein Großvater mütterlicherseits,
verriet er.

Das Ausflugslokal „Waldkater" ist Halles ältestes Waldlokal – eröffnet am 20. Juni 1848 – und
entsprechend beliebt in der Region. Nächstes Ziel
ist der **Kolkturm** auf dem gleichnamigen Berg, mit
133 Metern übrigens die höchste Erhebung der
Heide. Wir entern natürlich die
knapp 16 Meter hohe stählerne
Aussichtskanzel und genießen so
einen erhabenen Blick über die
halbe Stadt. Zugleich wird nun
sichtbar, dass die Dölauer Heide
von einem Plateaurücken durchzogen wird, der sich rund 20 Meter über die Umgebung erhebt.
Als der Turm 1976 errichtete wurde, mussten übrigens drei prähis-
torische Steingräber umgesiedelt
werden. Sie befinden sich jetzt ein
paar Meter weiter südwärts.

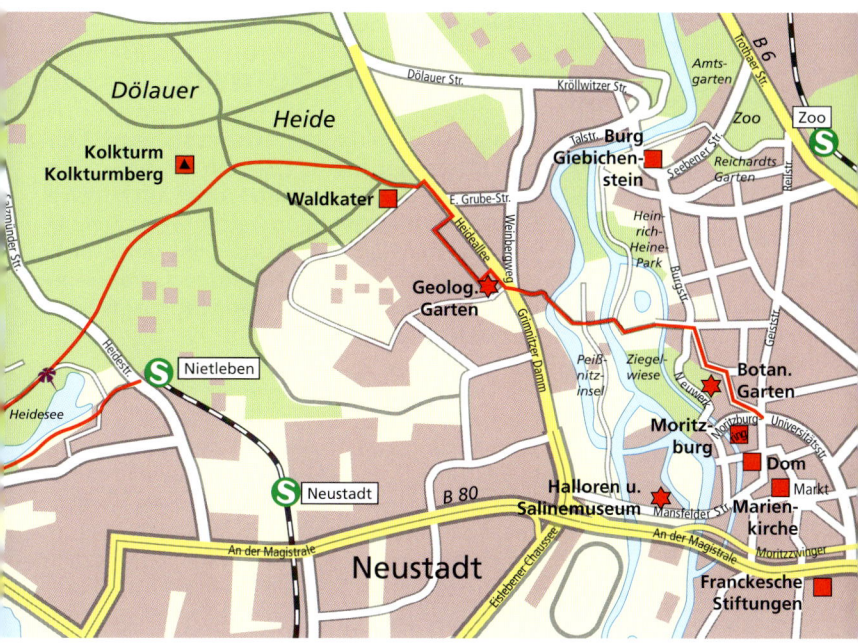

Auf dem asphaltierten Kolkturmweg bleiben wir auch weiterhin. Es geht zwei, drei Kilometer durch den Wald, bis der sich kurz lichtet und die Heidestraße kreuzt. Wer nun doch etwas ins Schwitzen gekommen ist, darf sich langsam freuen. Denn der **Heidesee** naht. Und nach weiteren zwei Kilometern stehen wir plötzlich dort, wo der Wald sich lichtet, am Eingang des Strandbades. Boote und Wassertreter schaukeln an einem Steg, Sonnenanbeter aalen sich in Strandkörben, Kinder buddeln in feinem Sand oder toben ins erfrischende Nass. Welch neues Glück denn hier vor nun schon gut einem halben Jahrhundert durch die Flutung der einstigen Braunkohlegrube „Neuglück" entstanden ist!

Für die letzte Etappe umrunden wir schließlich noch auf einem Uferweg den etwa einen Kilometer langen See. Wir stoßen so auf den Schultze-Galléra-Weg. Dem folgen wir bis zur Heidestraße, biegen rechts ab und gelangen so zum S-Bahnhof Halle-Nietleben.

Röblingen am See

Amsdorf

RE 9

Stedten

299

705

Schrapla

Start
Station Röblingen am See
RE 9 und RB 75 mind. stündlich ab Halle Hbf.

Wanderung
Röblingen – Aseleben – Seeburg – Wormsleben – Unterrißdorf – Lutherstadt Eisleben

Länge
20 km

Rückfahrt
Station Eisleben (nicht im MDV-Gebiet)
RE 9 und RB 75 mind. stündlich nach Halle Hbf.

Karte ▸ Seite 157

Röblingen am See – Eisleben

Auf Luthers Spuren

Es war eine Laune des Schicksals, dass Martin Luther, der nie in Eisleben wohnte, dennoch hier geboren wurde und auch starb. Die Lutherstadt ist denn heute unser Ziel. Allerdings machen wir es uns nicht ganz leicht und starten schon in Röblingen, passieren unterwegs aber einen der schönsten Seen Mitteldeutschlands.

Am Bahnhof von **Röblingen am See** halten wir uns links, nehmen den schmalen Grasemannweg, der auf die Kesselstraße stößt, in die wir links biegen. Wir laufen bis zum Ortsende und biegen dann rechts in einen Feldweg ein. Dieser führt uns mit einigen Kurven um Röblingen herum. Wo der Weg endet, gehen wir links. Rechter Hand liegt jetzt der Teufelsee. An der nächsten Weggabelung halten wir uns rechts und dann wieder links. Der zweite Abzweig links führt uns nach **Aseleben**. Die B 80 überqueren wir und halten uns halb rechts.

Bald eröffnet sich uns das erste Mal ein Blick über den **Süßen See** – das „blaue Auge des Mansfelder Landes". In Aseleben laufen wir in den Ort hinein und halten uns hinter der Kirche, wo die Seestraße auf den Seeweg stößt, rechts nach **Seeburg**. Ab hier geleiten uns der Süße See und unsere Lust am Schauen, Sinnen oder Bummeln.

Längst haben wir das **Seeburger Schloss** ausgemacht, das sich auf der anderen Seite majestätisch am Ufer erhebt. Die alte Fluchtburg, 743 erstmals erwähnt, ist unser nächstes Ziel. Schon Martin Luther verkehrte hier, predigte etwa in der wieder schön sanierten **Schlosskirche** 1525 gegen die aufsässigen Bauern. Seit 2007 gehört Schloss Seeburg auch zur Straße der Romanik. Im Sommer finden hier Führungen statt und im liebevoll erneuerten **Witwenturm** aus dem 11. Jahrhundert zudem ganzjährig Konzerte und Ausstellungen.

Wir laufen den Nordstrand entlang. Den Weg nach Eisleben tangieren Verkaufsstände, ein

Seeburg am Süßen See

Bootsverleih und die Schiffsgaststätte „Seeperle". Hier stärken wir uns mit einer Vesper. Denn der See weicht uns noch weitere fünf Kilometer nicht von der Seite. Am Campingplatz vorbei geht es dann nach **Wormsleben**. Hier bieten sich ausladende Bäume im kleinen Nusspark für eine Rast an. Wenn wir uns danach **Unterrißdorf** nähern, wird es kurz frostig. Denn inmitten der reizvollen Landschaft am Fuße von Hängen, an denen einst Wein gedieh, gibt es eine „kalte Stelle". Und die führte womöglich zum Tode Luthers. Denn als dieser am 28. Januar 1546 – obwohl bereits kränklich – nach Eisleben reiste, um einen Streit der Mansfelder Grafen zu schlichten, ereilte ihn eben hier ein kalter Wind. Und der wolle ihm „das Hirn zu Eis machen", schrieb er seiner Frau.

In Unterrißdorf gehen wir über eine Brücke und wandern entlang des Flüssleins Böse Sieben. Das heißt so, weil seine sieben Quellbäche während der Schneeschmelze oft fruchtbaren Boden wegspülen. Nun kommt schon **Eisleben** in Sicht. Wir laufen auf dem gut ausgeschilderten Lutherweg an Freibad und Theater vorbei – die Straße nennt sich Landwehr – bis zur Halleschen Straße.

Schloss Seeburg
Schlossstraße 18
06317 Seeburg
Tel. (03 47 74) 7 08 68
www.seeburg-schloss.de

Schiffsgaststätte Seeperle
Restaurant auf einem ausgemustertem Schiff, gehobenes Flair, gutbürgerliche deutsche Küche, Terrasse mit Freischank, kinderfreundlich.
Nordstrand 1
06317 Seeburg
Tel. (03 47 74) 2 82 14
Mo–Do 11–22, Fr/Sa 11–24, So 11–18.30 Uhr

Von hier ist es nur ein Steinwurf zu den Klein-
odien, die Eisleben ins Weltkulturerbe rückten.
Denn obwohl Martin Luther hier nie lebte, wurde
er in Eisleben nicht nur geboren, da sich seine El-
tern gerade auf der Durchreise befanden. Er starb
hier im Februar 1546 tatsächlich auch.

Auf einer kleinen Stadttour lassen sich die
wichtigsten Lebensstationen des Reformators auf
gut ausgeschilderten Wegen abschreiten. Sein
Geburtshaus steht dort, wo die heutige Lutherstra-
ße auf die Straße Plan trifft. Hier kam er am 10.
November 1483 zur Welt. Eine Dauerausstellung
„Von daher bin ich – Martin Luther und Eisleben" zeigt in dem Haus
nunmehr über 250 Ex-
ponate zu seinem Leben,
auch zu seiner Taufe. Die
erfolgte einen Tag nach
seiner Geburt in der na-
hen **Petrikirche**. Die erreicht man über die Se-
minarstraße.

In der Blüte seiner Be-
rühmtheit und Mannes-
kraft ist Luther auf dem
Markt zu bewundern.
Schon seit 1883 thront
er hier in Bronze. Zu seinem 400. Geburtstag war
das Denkmal eingeweiht
worden. In der einen
Hand hält der Kirchen-
rebell eine Bibel, in der
anderen die päpstliche
Bannbulle. Die vier Sei-
ten des Sockels sind mit
Bronzereliefs versehen,
die Szenen aus Luthers
Leben zeigen – im Kreise
seiner Familie, während
der Bibelübersetzung
1521 auf der Wartburg,
bei der Disputation mit
Johann Eck 1519 in Leip-
zig und beim Sieg der
Reformation.

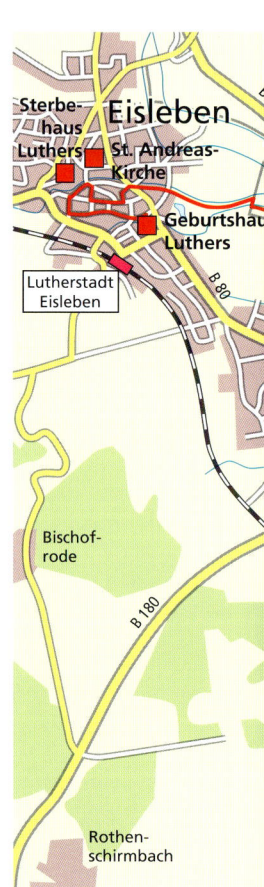

Luthers Geburtshaus
Ausstellung zu Luthers
Herkunft, Kindheit, Ju-
gend, Klostereintritt und
zur Lutherverehrung nach
seinem Tode. Mittelal-
terliche sakrale Kunstge-
genstände, spätgotischer
Schnitzaltar, deutschsprachige Bibel von 1483.
Seminarstraße 16
Tel. (0 34 75) 60 27 75
www.martinluther.de
Apr.–Okt. tgl. 10–18, Nov.–
März Di–So 10–17 Uhr

Luthers Sterbehaus
Schau zu Luthers letztem
Aufenthalt in Eisleben,
den letzten Lebensstun-
den und seinem Tod.
Andreaskirchplatz 7
Tel. (0 34 75) 60 22 85
www.martinluther.de
Apr.–Okt. tgl. 10–18, Nov.–
März Di–So 10–17 Uhr

Kirche St. Petri-Pauli
Hier wurde Martin Luther
am 11. November 1483
getauft.
Petrikirchplatz
Apr.–Okt. Mo–Sa 10–16,
So 11–16 Uhr, Do 12 Uhr
Turmbesteigung,
Nov.–März nur nach
vorheriger Anmeldung im
Gemeindebüro:
Tel. (0 34 75) 60 21 44

Auch seine letzte Predigt hielt Luther in Eisleben. Die Kanzel in der **Andreaskirche**, die eindrucksvoll die Westseite des Marktes beherrscht, blieb im Original erhalten. Noch während der Messe brach der 62-Jährige wegen eines Schwächeanfalls zusammen. Man trug ihn in das gegenüberliegende Haus des befreundeten Stadtschreibers Albrecht. Es wurde sein Sterbehaus. Schon seit 1894 ist es ein Museum. Es widmet sich dem reformatorischen Anliegen Luthers, seinem Werk und seinem Wirken im Mansfelder Land.

Kirche St. Andreas
Hier predigte Luther das letzte Mal. Die Kanzel ist noch im Original zu sehen.
Andreaskirchplatz
Apr.–Okt. Mo–Sa 10–16,
So/Fei 11.30–16 Uhr,
Mai–Okt. Di 12–12.20 Uhr
Orgelkonzert,
Nov.–März nur nach vorheriger Anmeldung im Gemeindebüro:
Tel. (0 34 75) 60 21 44

Merseburg
Elisabethhöhe 724 Lochau
233   Raßnitz
Merseburg 131 225
Merseburg Wallen- Gü
Bergmannsring 723 dorf
Beuna
Frankleben Leuna Werke Nord
234

Start und Ziel
Station Merseburg
RB stündlich ab Halle
Hbf.
Bus 131 stündlich ab
Leipzig Hbf. (ca. 60
Min. Fahrzeit)

Spaziergang

**Luftfahrt- und Technik-
Museumspark**
Luftfahrzeuge aller Ein-
satzzwecke und Epochen,
technische Geräte, An-
triebstechnik, Maßstabmo-
delle. Das Café befindet
sich in einem Flugzeug.
Kastanienpromenade 50
06217 Merseburg
Tel. (0 34 61) 52 57 76
www.luftfahrt-technik-
museum.de
Mitte Apr.–Mitte Okt.
Di–Do 9–15.30, Fr 9–14,
Sa/So 10–18 Uhr,
Mitte Okt.–Mitte Apr. Di–
Do 9–16, Fr 9–14,
Sa/So 10–17 Uhr

Merseburg

Die verkannte Schöne

**Merseburg ist eine dieser großen Unbe-
kannten. Von den Reizen der uralten Dom-
und Residenzstadt weiß man selbst in en-
gerer Umgebung wenig. Welch ein igno-
ranter Irrtum!**

Schwere Schäden im letzten Krieg, die Nähe zu
einstigen Dreckschleudern wie Leuna und Buna
sowie der Verlust der politischen Macht, die man
noch bis in die 1930er-Jahre als Sitz einer preu-
ßischen Bezirksregierung ausübte, machten Merseburg zum weißen Fleck auf der touristischen
Karte. Dabei ist der **Dom St. Johannes und Lau-
rentius** seit je eine Landmarke Mitteldeutschlands.
Bereits 880 fand die Stadt als „mersiburc civi-
tas" erste Erwähnung. Anno 968 gründete König
Otto I. hier ein Bistum. Der Dom ist denn auch
unser erstes Ziel.

Vom Bahnhof laufen wir geradeaus in die
Poststraße und an der nächsten Kreuzung halblinks in die Hälterstraße. Nun bewegen wir uns
geradewegs auf den Schlossgarten zu. Links davor
strahlt uns das prächtige **Ständehaus** aus dem
19. Jahrhundert entgegen. Frisch saniert leuchtet seine Fassade in der Sonne. In dem heutigen
Kulturzentrum residiert auch das Standesamt. Wir
können uns einen Blick ins Innere nicht verknei-
fen – und sind geplättet von der neoklassizis-
tischen und neubarocken Pracht der Säle, Treppen
und Wandelgänge. Fast schade, dass man schon
verheiratet ist.

Über die Brauhausstraße geht es nun zum Dom.
Kopfsteinpflaster kündigt den beginnenden Zeit-
raffer an. Wir passieren das wuchtige **Krumme
Tor**, müssen noch ein paar Meter durch eine
enge Gasse – dann umfängt uns vollendetes
Mittelalter. Seit fast 600 Jahren stehen sich auf
dem in sich geschlossenen Domplatz Dom und
Schloss ehern gegenüber. Der Bau des Doms
begann gar 1015. Dank seiner erlesenen Aus-
stattung zählt er zu den Glanzlichtern an der
Straße der Romanik. Das **Kapitelhaus** gründet

Das Krumme Tor führt in den Merseburger Dombezirk

noch auf Fundamente aus dem 12. Jahrhundert. Doch Vorsicht, wer sich leicht in kulturhistorische Reliquien verguckt, sieht heute nicht mehr viel anderes von der Stadt! Denn hier häufen sich die Pretiosen des Domschatzes, etwa sakrale Plastiken und kostbare Handschriften. Die wohl kostbarste ist eine prachtvoll kolorierte Bibel aus dem 13. Jahrhundert. Daneben entdeckt man ein Elfenbeinkästchen ebenfalls aus jener Zeit sowie romanische Altare. Etwas gruselig nimmt sich da die mumifizierte – einst abgeschlagene – rechte Hand des 1080 gefallenen Königs Rudolf von Schwaben aus.

Zum Grübeln verleiten die beiden **Merseburger Zaubersprüche** in einem Gewölbe des Kapitelhauses. Für alle, die des Althochdeutschen nicht mächtig sind, hier eine kleine Handreichung: Im ersten Spruch geht es um die Befreiung von Gefangenen, im zweiten um die Heilung eines verletzten Pferdes durch germanische Götter. Musikalische Halbgötter, wie der schon zu Lebzeiten legendäre Franz Liszt, saßen hingegen an der Ladegast-Orgel im Dom. 1855 war sie geweiht worden. Heute stellen alljährlich im Herbst die Merseburger Orgeltage einen Glanzpunkt im Kulturleben der Region dar.

:via: Tipp **Domplatz Merseburg**
Der Merseburger Dombezirk verzaubert durch seine perfekte MIttelalterkulisse. Umrahmt vom grünen Schlossgarten.

Dom und Kapitelhaus
Domplatz 7
06217 Merseburg
Tel. (0 34 61) 21 00 45
www.vereinigtedomstifter.de

Kulturhistorisches Museum im Schloss
Sehenswertes zu Ur- und Frühgeschichte sowie zur mittelalterlichen Pfalz- und Bistumsgeschichte.
Domplatz 9
06217 Merseburg
Tel. (0 34 61) 40 13 18
(Sa/So (0 34 61) 40 20 10)
März–Okt. tgl. 9–18 Uhr,
Nov.–Feb. tgl. 10–16 Uhr

Dom und Schloss Merseburg

Treppentürme, Erker und Portale zieren das Antlitz des dreiflügeligen **Schlosses**. Das Stadtmuseum im Inneren birgt allerlei Regionalgeschichtliches, sehenswertes Mobiliar und zudem historische Zündgeräte und Feuerzeuge sowie seltene Glasperlarbeiten. Skurril wirkt der Rabenkäfig mit zwei großen Kolkraben im Vorhof. Er symbolisiert eine Sage, die hier jedes Kind kennt: Bischof Thilo, der Bauherr des Schlosses, ließ um 1500 einen Diener hinrichten, weil er ihn des Diebstahls bezichtigte. Doch später kam heraus, der Rabe des Oberpopen hatte den vermissten Ring stibitzt.

Der **Schlossgarten** bildet eine so nicht erwartete Oase in der industriell geprägten Region. Orangerie, Fontäne, Rabatten und Hecken – trotz des Wirkens des berühmten Landschaftsarchitekten Peter Joseph Lenné im 19. Jahrhundert erinnert er noch an sein barockes Vorleben. Und das bricht sich auch immer wieder kräftig Bahn, wenn Ende Mai, Anfang Juni Merseburger Vereine zum Schlossfest laden. Der Mix aus üppiger Kostümschau, Fackelumzug, mittelalterlichem Handwerk, Spielmannsauftritten und künstlerischer Kurzweil zieht Zehntausende an. Höhepunkt ist stets der historische Festumzug am Samstag. Tausend Akteure stellen dann stadtbekannte Würdenträger und Prälaten dar und präsentieren voller Gaudi Epochen, Episoden und Historien der über 1150-jährigen Geschichte.

In der Domstraße 15 bezog übrigens 2006 eine Dauerausstellung von Gemälden, Grafiken und Zeichnungen des wohl kraftvollsten ostdeutschen Malers Quartier. Sein Name? Na klar, **Willi Sitte**! Bundeskanzler Gerhard Schröder höchstselbst kam zur Vernissage. Vermutlich genoss er auch den Blick vom Schlossgarten auf die Saale mit der Anlegestelle für Fahrgastschiffe und pil-

Restaurant Imperial
Rustikales Haus mit stilvollem Interieur (18. Jh.), rustikalem Kellergewölbe, Biergarten. Originelle Küche, teils mit mediterranem Touch und exotischen Zutaten (Känguru, Strauß, Froschschenkel). Regelmäßige Events.
Gotthardstraße 28
06217 Merseburg
Tel. (0 34 61) 28 99 64
www.imperial-merseburg.de
Mo–Sa 11–14.30 und ab 18 Uhr

gerte dann über die nahe Neumarktbrücke zu St. Thomae. Denn die Knotensäule am spätromanischen Hauptportal des gut 800-jährigen Gotteshauses ist einzigartig in mitteldeutschen Landen.

Kulturgesättigt laufen wir über Dom- und Burgstraße zum Markt. Fachwerk säumt den Weg zum **Alten Rathaus**. Das stellt mit seinen Erkern, Gauben und Ziergiebeln glatt die maßlos hohe spätgotische **Marktkirche St. Maximi** in den Schatten. Doch nun wollen wir endlich noch ein Stück ins Grüne. Am Markt zweigen wir rechts zum Brühl ab und später erneut rechts in die Wagnerstraße. Noch einmal links in die Gotthardstraße und wir stoßen jenseits des Kreisels auf den **Vorderen Gotthardteich**. Erstaunlich, welch Flair ein früherer Steinbruch mitten in der Stadt entwickeln kann. Wir bummeln am rechten Ufer entlang, füttern die Schwäne, folgen dann einem kleinen Kanal, der rechts unter den Bahngleisen zum **Hinteren Gotthardteich** führt. So landen wir in einem zauberhaften Rosengarten. Hier lässt sich problemlos der restliche Tag verbringen.

Am Markt in Merseburg

Merseburg
Elisabethhöhe — **724** Lochau

233 — Raßnitz

131 — **225**

Merseburg
Merseburg — Wallen- — Gü
Bergmannsring — **723** dorf

Beuna

Frankleben — Leuna Werke Nor

Start und Ziel
Station Merseburg
RB stündlich ab Halle
Hbf.

Radtour
Merseburg – Fran-
kleben – Braunsbe-
dra – Mücheln – Halde
Klobikau (Weinberg) –
Frankleben – Merse-
burg

Länge
50 km
Abkürzungsmöglich-
keit: Nach 25 km von
Mücheln mit RB 76
stündlich zurück nach
Merseburg

Karte ▶ Seite 164

Geiseltalsee

Vom Bergbau zum Weinbau

Der einstige Tagebau Mücheln-Braunsbedra mauserte sich zum größten künstlichen Gewässer Deutschlands. Mittlerweile umkreist ihn ein asphaltierter Radweg. An vielen Stationen lässt sich hier verfolgen, wie die Region ihre neue Zukunft lebt, ohne ihre Herkunft zu verleugnen.

Am Merseburger Bahnhof radeln wir nach rechts über die Lauchstädter Straße zum Kreisverkehr – und verlassen damit schon das Stadtgewirr. Denn hier treffen wir auf den **Vorderen Gotthardteich**, an dessen rechtem Ufer wir entlangfahren. Vorsicht, Fußgänger! Am Ende des anmutigen Gewässers geht es rechts unter der Bahnlinie hindurch zum **Hinteren Gotthardteich**. Die Schilder weisen Richtung „Südpark-Tierpark".

Wir folgen ihnen auf einem schmalen Weg parallel zur Geisel, bis wir an einer Wiese links abbiegen. An einer Ampel queren wir eine vierspurige Piste und sind nun im **Südpark**. Wir passieren Tiergehege, fahren bis zur Parkbühne und halten uns an der nächsten Gabelung rechts, Richtung Wildschweingehege. Am Schmetterlingsgarten vorbei erreichen wir die Brillenschafe. Hier geht es rechts über eine Brücke. Kurz darauf führt links ein Weg durch sumpfige Wiesen. Nach gut einem Kilometer machen wir einen blau getünchten Plattenbau aus. Hier biegen wir links auf einen breiteren Weg ein, kommen so nach **Zscherben**, wo wir sofort einem befestigten Wirtschaftsweg nach rechts folgen.

Nun können wir nichts mehr falsch machen. Bis zum Geisetalsee sind wir „schildtechnisch" gleich doppelt abgesichert – mit dem Logo des Radweges „Salzstraße" sowie der gelben Muschel des Jakobswegs. Wir radeln immer geradeaus, überqueren hinter **Beuna** die Autobahn. In **Reipisch** windet sich die Salzstraße nach rechts Richtung Frankleben, führt durch die Kleingartenspar-

Marina Mücheln

te „Glück auf" und nähert sich nun unaufhaltsam dem See. In **Frankleben** müssen wir an der Hauptstraße kurz rechts und gleich wieder links. Hinter der Buswendeschleife dürfen dann nur noch Drahtesel weiter. Wir haben den Rundweg um das einstige Tagebaurestloch fast erreicht.

Links oder rechts herum, lautet am Ufer die Frage. Im Grunde ist es gleich. Wir halten es mit dem Uhrzeiger und das aus gutem Grund. Denn nach gut einem Kilometer lockt ein Schild zum **Café Pfännerhall** in Braunsbedra. Der Name erinnert an die frühere Zentralwerkstatt des Braunkohlebetriebes. Ein Verein saniert sie derzeit peu à peu. Zwei junge Frauen betreiben das Lokal in der Industriebrache, die auch sonst neues Leben eingehaucht bekam. Denn sie gehört zur **Glück-Auf-Route**, die Stätten des sachsen-anhaltischen Industrietourismus verbindet. Zudem bietet sie den sprö d-charmanten Rahmen für Workshops, Ausstellungen und ein jährliches Tangocamp im Juli.

Dass auch die einstige Bergarbeiterschlafstadt **Braunsbedra** einiges vom Tourismuskuchen abbekommt, den das Geiseltal seit Jahren bäckt, sehen wir beim Weiterradeln. Unterhalb von **Leonhardt**, einem 14 Meter hohen hölzernen Aussichtturm,

Café Pfännerhall
Kaffeeangebot, Speisen und Getränke, Weinverkostungen im Ambiente eines technischen Denkmals – der ehemaligen Zentralwerkstatt des Bergbaubetriebes.
Grubenweg 4
06242 Braunsbedra
Tel. (03 46 33) 9 08 25
www.pfaennerhall.de
Öffnung während der Ausflugssaison
Mo/Di/Fr 9–19, Sa 10–22, So 10–18 Uhr

nehmen die Arbeiten für einen Hafen Gestalt an. Sogar eine Seebrücke entsteht. Was hier noch etwas Zukunftsmusik ist, lässt sich bei Mücheln schon weitgehend fertig bewundern. Doch bis dahin sind noch einige Kilometer zu strampeln, wenn auch auf makellosem Asphalt. Zudem gibt es auch vorher allerhand zu sehen, so bei **Krumpa** ein **Geologisches Fenster**. Es handelt sich um eine aufgeschnittene Böschungswand aus Laacher See-tuff. Sie vermittelt recht anschaulich die Entstehungsgeschichte der Geiseltalkohle aus der Asche eines Vulkans, der vor 11 000 Jahren in der Eifel ausbrach.

Vor **Neubiendorf** entdecken wir einen noch nicht ganz ausgewachsenen Irrgarten. Putzigerweise nennt er sich „Im Urpferdchen". Das kommt

Tagebaufahrten und geführte Wanderungen
Der Interessen- und Förderverein Geiseltalsee e.V. organisiert Rundfahrten und geführte Wanderungen. An ausgewählten Stationen wird die Entwicklung des Geiseltales erläutert. Die Touren sind individuell gestaltbar.
Geiseltalstraße 1
06242 Braunsbedra
Tel. (03 46 33) 4 13 02
www.geiseltalsee-ifv.de
Geschäftsstelle besetzt
Mo–Do 9–12 und 13–15,
Fr 9–12 Uhr

indes nicht von ungefähr. Denn als die Bagger hier der Erde noch Braunkohle entrissen, schaufelten sie auch manch tierisches Fossil zu Tage. Und das markanteste war ein 50 Millionen Jahre altes Urpferd. Während man das nur im Hallenser Geiseltalmuseum bewundern kann, sind entlang des Sees zumindest viele technische Bergbaurelikte aufgestellt, so auch solche Baggerschaufeln.

Auch sonst erinnert die Uferpromenade noch stark an den Bergbau, der die Region weit über hundert Jahre lang prägte – bis 1993. Fast ausgelöscht scheint er indes an der Marina **Mücheln**. Boote schaukeln zwar noch kaum im Wasser, da sich der See bis Ende 2010 in Flutung befand. Doch die weitgehend fertige Infrastruktur verheißt nun ein schnell wachsendes Wassersport-Dorado.

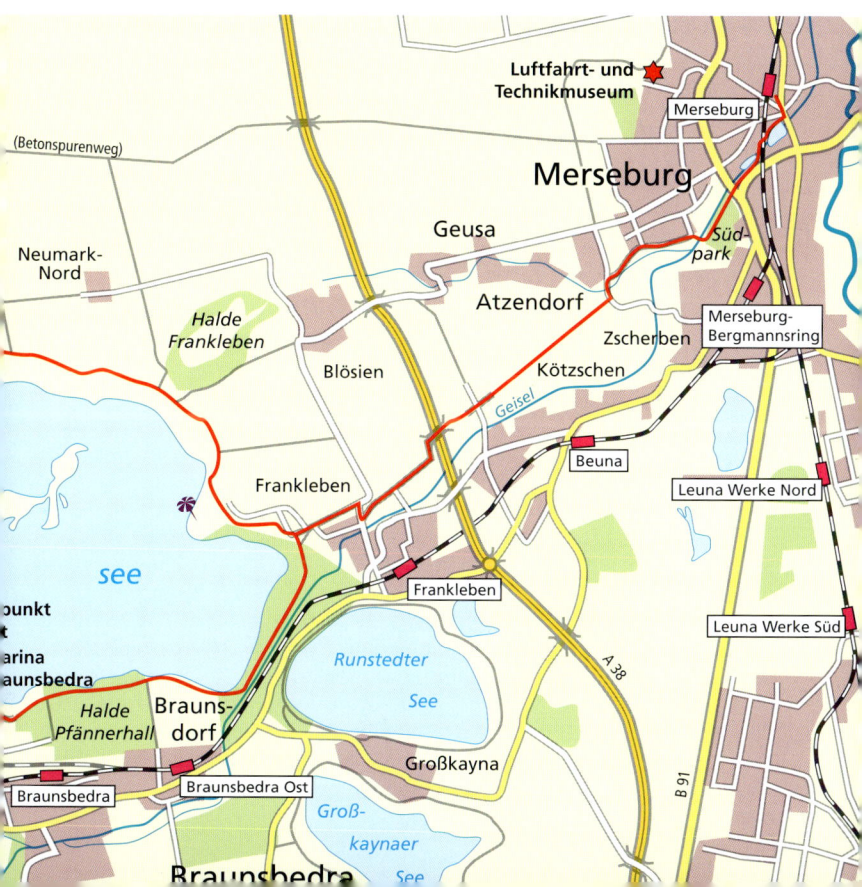

Lars Reifert, der Winzer
vom Geiseltalsee

Ein weißer Hafenturm mit einem schicken Pier-
gebäude strahlt schon in Mücheln weithin in der
Sonne. Neben dem **Aussichtsturm Pauline** arbeitet
auch eine ebenso freundliche wie auskunftsbereite
Touristeninformation. Geradezu mit Händen lässt
sich hier greifen, wie sehr sich die lange gebeu-
telte Region den Landschafts- und Imagewandel
herbeiwünscht.

Fast Unglaubliches erleben wir diesbezüglich
im Nordwestzipfel des Sees: Weinbau auf der
Abraumkippe. Die Lage „Goldener Steiger" bildet
indes den höchsten Punkt der Seeumrundung. So
stärken wir uns kurz zuvor noch auf einer lauschigen Halbinsel, die weit in den See ragt. Wir
durchstreifen einen Findlingsgarten, plaudern an
einer Naturstation mit Vogelkundlern – und verschnaufen an der Wetterschutzhütte des Förder-
vereins Geiseltalsee. Infotafeln erzählen hier von
den wiederholten Umbrüchen der Region. Dann
heißt es, flugs die Bratwürste aus den Sattelta-
schen zu holen und die an der Hütte bereitstehen-
den Grillroste anzufeuern.

Nachgespült wird aber am kleinen Ausschank
direkt am **Weinberg**. Ein junger Mann hantiert
zwischen den Rebstöcken, steckt Ranken hinter
Drähte, schneidet Fehltriebe ab. Ja, es sei sein

Weinbau am Geiseltalsee
Ehrauberge 25
06632 Freyburg/Unstrut
Tel. (03 44 64) 2 71 33
www.weinbau-am-gei-
seltalsee.de

Berg, erzählt er. Drei Jahre Kampf mit Ämtern habe es gekostet, ehe er auf der Halde, die sich 250 Meter steil zum Ufer hinabzieht, 10 000 Stöcke setzen durfte, verrät er. Doch besser hätte er diese Lage gar nicht wählen können, so der Hobbywinzer: Südhang mit 25- bis 30-prozentiger Steigung, im Norden Wald als Schutz vor Kaltluft und vis-à-vis der See, dessen Wasser tagsüber die Sonnenwärme speichert und sie nachts an den Hang abgibt. So kann er schließlich daheim in Freyburg vorzügliche leichte Weiß- und Rotweine ausbauen – neben Müller Thurgau auch Spät- und Grauburgunder sowie Traminer. Sogar eine Weinprinzessin kürt das Geiseltal nun Jahr für Jahr.

Die restliche Strecke zurück nach Frankleben, von wo es retour nach Merseburg geht, brettern wir fast nur noch bergab. Heidewitzka, Herr Kapitän, hätte das nicht den ganzen Tag so gehen können! So müssen wir richtig scharf bremsen, als wir unterwegs noch einige Burenziegen und Hereford-Ochsen am Hang grasen sehen. Sie leisten hier ihren Teil, dass die begrünte Kippe nicht mit Robinien, Akazien oder Birken verbuscht.

Besucher- und Informationscenter Marina Mücheln
Mit Café und Kiosk.
Hafenplatz 6
am Aussichtsturm in
Mücheln (OT Stöbnitz)
Tel. (03 46 32) 99 59 10
www.geiseltalsee.de
www.geiseltalsee.com
www.marina-muecheln.de
Tgl. 10–18 Uhr

Geißen im Geiseltal – auch Ziegen fühlen sich an den Hängen des Sees wohl

Naumburg

Bei Uta und Ekkehard

Naumburg lohnt nicht nur als Startpunkt zu Ausflügen durch die mitteldeutsche Burgen- und Weinregion. Mit seiner liebevoll restau- rierten Innenstadt, vielen prächtigen Bür- gerhäusern und weiteren kulturhistorischen Stätten bildet es selbst ein Gesamtkunst- werk.

Von der Romanik über die Renaissance bis zur Moderne eines Neo Rauch – Naumburg ist eine Perle verschiedener Architekturstile, die sich in der Saalestadt gut miteinander arrangieren. Als Glanzlicht überstrahlt der **Dom St. Peter und Paul** indes noch alles. Er gehört zum Besten, was Euro- pas Mittelalter hervorbrachte. Den Dom erreicht man vom Bahnhof aus über die Bahnhofstraße, die Bergstraße und die Georgenstraße.

Dort geben sich Ihre Exzellenzen **Uta und Ekkehard** die Ehre. Das Markgrafenpaar aus dem 11. Jahrhundert spielte zu Lebzeiten eher eine regionale Rolle. Doch in Sandstein gehauen, sind beide nun weltberühmt. Sie zählen zu den Höhe- punkten der figürlichen Bildhauerkunst in Euro- pas Mittelalter.

Ihrem Schöpfer wurde auch die **Landesausstel- lung Sachsen-Anhalts 2011** gewidmet. Das war ein begnadeter Baumeister, nur kennt man bis heute seinen Namen nicht. Identifizieren lässt er sich nur anhand seiner markanten steinbildhau- erischen Handschrift. So weiß man, dass er im 13. Jahrhundert an der Spitze eines Trupps von Bildhauern und Steinmetzen durch Frankreich und Deutschland zog. Er wirkte in Amiens, Reims, Metz, Mainz, Merseburg, Meißen – und in Naum- burg. Hier schuf er sein bekanntestes Werk: neben Uta und Ekkehard noch zehn weitere Stifterfi- guren, ein **Passionsrelief** und die **Kreuzigungs- gruppe** des Doms. So nennt ihn die Kunstwelt den **Naumburger Meister.**

Unmittelbar hinter der Kathedrale entstand in den letzten Jahren ein spektakulärer Garten des Meisters. In ihm werden in natura wie auch

Naumburger Marktplatz

mittels symbolischer Säulen heimische Pflanzen präsentiert, die der Maestro im 13. Jahrhundert in die Säulen im Dominneren einarbeiten ließ. Auch der Westchor mit seinen mittelalterlichen Glasfenstern, der östliche Kanzelbereich (Ostlettner genannt), die Gruft sowie der Domschatz machen das Gotteshaus zu einem Glanzstück von Romanik und Gotik.

Zum 800. Geburtstag der Heiligen Elisabeth von Thüringen wurde im Nordwestturm eine **Elisabethkapelle** geweiht. Sie enthält neben einem Altar auch eine 1235 entstandene Elisabethstatue – sowie drei Glasfenster, die der weltweit bekannteste Vertreter der Neuen Leipziger Malerschule, **Neo Rauch**, gestaltete. Sie zeigen idealisierte Szenen aus dem Leben der Landgräfin, die nur 24 Jahre alt wurde, bis heute aber als Sinnbild tätiger Nächstenliebe gilt. Die Kapelle dient als Raum der Stille.

Stadteinwärts geht es über den engen Steinweg. Er beginnt direkt am Domportal. Wenn wir den breiten Lindenring gequert haben, gelangen wir so in die Herrenstraße. Hier reihen sich linker Hand gleich drei wunderschöne alte Häuser aneinander. Zunächst grüßt mit einem luxuriösen Sitz-

Dom zu Naumburg und Domschatzgewölbe
Domplatz 19
06618 Naumburg
Tel. (0 34 45) 2 30 10
www.vereinigtedomstifter.de
März–Okt. Mo–Sa 9–18, So/kirchl. Fei 12–18 Uhr, Nov.–Feb. Mo–Sa 10–16, So/kirchl. Fei 12–16 Uhr
Öffentliche Domführungen Mo–Sa 10, 14, 17 Uhr, So 12, 14, 17 Uhr
Dachbodenführung tgl. 15 Uhr

Öffentliche Stadtführungen
Juli–Okt. Do 16 Uhr ab Domplatz, Apr.–Okt Fr 20 Uhr ab Markt 6, Sa 10.30+14 Uhr, So/Fei 10.30 Uhr ab Domplatz, Nov–März So/Fei 10.30 Uhr ab Domplatz, Dauer: 1,5 Std.

169

Uta

Stadtmuseum Hohe Lilie
Markt 18
Tel. (0 34 45) 70 35 03
Tgl. 10–17 Uhr
3 €/Pers. unter 18 J. frei
Führungen nach Anmel-
dung

Stadtkirche St. Wenzel
Kirchturm St. Wenzel mit
Aussichtsplattform und
ehem. Türmerwohnung.
Mai–Okt. Mo–So 10–17
Uhr
Hildebrandt-Orgel: Kon-
takt über Kulturmanage-
ment Stadt Naumburg
Tel. (0 34 45) 27 34 33
Mittagskonzerte „Orgel
punkt Zwölf" Mai–Okt.
Mi/Sa/So 12 Uhr

nischenportal die **Lorbeerbaum-
Apotheke**. Sie quartierte sich in
einem der ältesten Naumburger
Handelshäuser aus dem 16. Jahrhundert ein. Feudal wirkt auch
der Erker, der über zwei Etagen
reicht. Kurz danach folgt ein Bürgerhaus im Renaissancestil. Sein
wichtigstes Attribut bildet ein
halbrunder Erker, der sich über
einer Löwenkonsole erhebt. Unmittelbar dort, wo die Herrenstraße in den Markt mündet, prahlt
schließlich noch das Haus „Hohe
Lilie" mit einem 1526 errichteten
Treppengiebel. Da sich hierin das
Stadtmuseum einquartierte, darf –
sofern geöffnet – auch das exqui-
site Innenleben bestaunt werden.

Naumburgs **Marktplatz** entstand sehr planmäßig. Wo sich bedeutende Handelsstraßen kreuzten,
darunter die berühmte Königs-
straße Via Regia, siedelten sich
halt gezielt Kaufleute und Handwerker an. Der
Stil ihrer Häuser – geprägt vom stilistischen Geschmack der Renaissance und des Barock – be-
zeugt ihren einstigen Reichtum. Rund um den
Marktbrunnen von 1498 herrscht übrigens noch
heute jeden Samstag Handelstreiben. Im Rathaus
freut man sich sicher über die Taler, die so in
das Stadtsäckel wandern. Es bildet mit seinen
prachtvollen Dachgauben – Experten nennen das
Zwerchgiebel – indes auch eine stimmige Kulisse
für das Handeln und Feilschen. Ganz entspannt
verfolgt man dies am besten bei einem Kaffee
oder Radler von einem der Freisitze aus, die das
Café Kanzlei und das Hotel Stadt Aachen vor dem
Kayserschen Haus (Markt 10) eingerichtet haben.
Dies ist wohl das schönste Gebäude am Markt.
Allein das protzige Portal mit der geschnitzten
Eichentür, das um 1680 geschreinert wurde und
Motive aus der „Neuen Welt" zeigt, weiß zu ver-
zaubern. Die Maßwerkgiebel am Dach entstanden
im frühen 16. Jahrhundert. Sie sind nicht mehr
ganz Gotik, aber noch nicht richtig Renaissance,

vermitteln so recht spannend zwischen Mittelalter und Aufbruch in aufgeklärtere Zeiten.

Weitere prächtige Häuser bietet ein Rundgang auf dem Markt. Um alles auch von oben zu genießen, besteigen wir den 46 Meter hohen Turm von **St. Wenzel**. Vorher erlauben wir uns einen Blick ins Kirchenschiff. Hier hängen bedeutende Gemälde aus der Werkstatt Lucas Cranachs. Und Respekt bitte vor der Hildebrandt-Orgel! Hier checkten schon Gottfried Silbermann und Johann Sebastian Bach die Pfeifen und Register.

Naumburg hat übrigens noch einen weiteren berühmten Sohn: Friedrich Nietzsche. Der weltweit berühmt-berüchtigte Philosoph und Schöpfer Zarathustras lebte hier in der Obhut seiner Mutter. Inzwischen gibt es sogar ein Nietzsche-Zentrum in Naumburg. Das moderne Gebäude unmittelbar neben dem Nietzsche-Haus (Weingarten 18) kann man auch vom Wenzelkirchturm aus sehen. Ebenso erahnen wir von dort die einstigen Ausmaße der Altstadt. Bis heute wird diese zur Hälfte von einer Stadtmauer umfriedet. So auch am einstigen Salztor, wo das kleine, feine Naumburger Theater spielt. Als einziges von ehemals fünf historischen Portalen überlebte indes nur das **Marientor** alle Zeitläufte. Sein Kernbau aus dem 14. Jahrhundert, durch dessen Wehrgang und Turm wir bis heute stromern dürfen, beeindruckt noch immer. Noch bis 1990 war es übrigens bewohnt – beneidenswert! Nun bietet es eine schaurig-schöne Kulisse für Open-Air-Veranstaltungen. Die barocke St. Marien-Magdalenen-Kirche gleich nebenan lockt hingegen mit ihrer Ladegast-Orgel regelmäßig zu Konzerten anderer Couleur.

Wer jetzt noch nicht fußmüde ist, kann vom Marientor über Postring und Postraße durch den kleinen Stadtpark zum Bahnhof zurücklaufen. Andernfalls tut es auch die historische Straßenbahn.

Historische Straßenbahn
Verkehrt tgl. zwischen Hbf. und Vogelwiese im 30-Min.-Takt.

Nietzsche-Dokumentationszentrum
Bibliothek, Archiv, wechselnde Ausstellungen und jährliche Philosophentagungen.
Weingarten 18
06618 Naumburg
Ausstellung: Di–Fr 14–17, Sa/So/Fei 10–17 Uhr, Sonder Öffnungszeiten nach Vereinbarung
Die Benutzung von Bibliothek und Archiv ist nach vorheriger Anmeldung im Rahmen der Öffnungszeiten möglich.

Wasserspeier am Dom

Kleinjena ○ 🅿️
ourg-Roßbach ○   255
                                  RB 20
                            🅿️   RB 82
         253   🅿️ ○ **Naumburg**
                        ○ Naumburg Ost
Bad Kösen ○   **820** ○ Wethau
MT   255
                                  256

Start und Ziel
Naumburg Hbf.
RB via Weißenfels alle
60 –120 Min. ab Leip-
zig Hbf. (ca. 1 Std. 15
Min. Fahrtzeit)

**Rad- oder
Wandertour**
Naumburg –
Großjena – Freyburg
(– Naumburg)

Länge
12 km hin & zurück

Karte ▸ Seite 174

Fähre Blütengrund
Naumburg – Blütengrund,
direkt am Zusammenfluss
von Saale und Unstrut
Tel. (0 34 45) 2 61 08 80
www.faehre-
bluetengrund.de
Nov.–März 10–16, Apr.
9–18, Mai–Aug. So–Do
9–19, Fr 9–20, Sa 9–21,
Sep./Okt. 9–18 Uhr

Unstrut

Durch die Weinberge

**Man muss schon stark bleiben, um auf die-
ser lauschigen Tour ab Naumburg am Ende
immer noch nüchtern in Freyburg anzukommen. Aber wollen wir das überhaupt? Allenfalls aus Respekt vor einem schaukelnden
Schiffsdeck auf der Rückfahrt.**

Die heutige Tour ist ein Klassiker. Am Wochenende pilgern oft derart viele Weinselige – teils auch
im Sattel – durch die anmutige Unstrutlandschaft,
dass es nicht einmal der guten Ausschilderung
bedürfte, um sich nicht zu verlaufen. Oft kommen
sie wie wir am Naumburger Hauptbahnhof an
und nehmen zunächst auf der stadtabgewandten
Seite der Gleise den Wanderweg nach Nordosten.
Der verläuft eine Weile parallel zur Bahnstrecke,
zweigt dann an einer Gabelung links Richtung
Blütengrund ab. Vor dem Campingplatz schwenken wir noch einmal links und erreichen bald die
Saale. Diese ist wie immer gut gefüllt, denn sie
hat sich soeben mit der Unstrut vereinigt. Hier
legt auch die Fähre ab, mit der wir auf die andere
Seite des Flusses gelangen.

Ein asphaltierter Weg führt jetzt geradeaus
Richtung **Großjena**. Zur Linken säumen ihn Streuobstwiesen, auf denen Bauern im Spätsommer das
Winterfutter für ihre Kühe zu Ballen pressen, zur
Rechten geleiten uns Muschelkalkwände. Nach
knapp einem Kilometer das erste Highlight: Mitten im Weinberg ist ein **Steinernes Album** auf-
geschlagen, ein 200 Meter langes Sandsteinrelief
mit Szenen aus dem Alten Testament. Jesus sitzt
an der Stirnseite der Festtafel auf der Hochzeit
zu Kanaan und verwandelt, als der Wein ausgeht,
Wasser in neuen Rebensaft. Lot wird durch seine
Töchter trunken gemacht. Noah betätigt sich als
Winzer und Moses schlägt mit einem Stab an den
Weinberg.

Anno 1722 hatte der Naumburger Kaufmann
Johann Christian Steinauer, dem anno dazumal
der Berg gehörte, die Tafeln kunstfertig in das
Massiv hauen lassen. Das Werk, das Denkmal-

Weinberg bei Freyburg

experten als einzigartig in Deutschland bewerten, gehört zu den größten Felsreliefs Europas. Ab 1996 war es mit Hilfe der Deutschen Stiftung Umwelt aufwändig saniert worden. Und da die Steinbibel seither zunehmend mehr Besucher anlockt, stellte ein Freundeskreis nun auch erläuternde Bild-Text-Tafeln auf. Zum Harfe spielenden König David liest man etwa: „Kleine Knaben, Trauben in den Händen haltend, drehen sich im Ringeltanz um den Sänger, die Wirkung des Weines verkörpernd. Es soll angedeutet werden, dass Wein und Gesang zusammengehören."

Nach so viel Theorie gönnen wir uns nun auch wirklich ein Schlückchen Rebsaft. So nehmen wir wenig später eine zur Rechten steil aufwärts führende Treppe. Sie endet an einem pittoresken Häuschen, das den **Max-Klinger-Weinberg** bekrönt. Von 1903 bis zu seinem Tode 1920 hatte der bekannte Leipziger Maler und Bildhauer hier gewirkt. Der Blick ins weite Land ist erbaulich, das Flair in nunmehr hier entstandenen Weinbergcafé schon fast mediterran – und der Saale-Unstrut-Wein einfach vorzüglich. Klingers Plastik „Der Athlet" schmückt das Café und eine kleine Ausstellung im ehemaligen Radierhäuschen plaudert etwas über das Leben, Lieben und Arbeiten des Künstlers.

Weinbergcafé
Heimische Weine, selbstgebackener Kuchen und eine tolle Aussicht.
Max-Klinger-Str. 19
06618 Großjena
Tel. (0 34 45) 20 23 24
Apr.–Okt. Mi–Fr 14–19,
Sa/So 10–19 Uhr

Museum Klingerhaus
www.klinger-weinberg.de
Apr.–Okt. Di–So 10–17 Uhr
sowie nach Vereinbarung

Hotel Rebschule
Reizvolle Lage, Terrasse mit Traumaussicht, nettes Personal. Frische Regionalprodukte und Weine aus eigenem Anbau.
Ehrauberge 33
06632 Freyburg
Tel. (03 44 64) 30 80
www.weinberghotels.eu
Mo–Do 11.30–23, Fr/Sa 11.30–24, So 11.30–22 Uhr

Schloss Neuenburg
Schloss 1
06632 Freyburg (Unstrut)
Tel. (03 44 64) 3 55 30
www.schloss-neuenburg.de

Museum in der Kernburg
Apr.–Okt. tgl. 10–18, Nov.–
März Di–So 10–17 Uhr
6 €/erm. 3,50 €

Bergfried „Dicker Wilhelm"
Apr.–Okt. Di–So 10–18 Uhr

Weiter geht es gut zwei Kilometer längs der Unstrut bis Nißmitz. Wir queren die Brücke an der B 176 und halten uns am Ortseingang rechts an die Schilder, die bergan zum **Hotel Rebschule** locken. Dies ist ohne Frage eine der ersten Adressen in der Region und eignet sich also gut für ein Mittagsmahl. Danach nehmen wir den Weg um den weinrebenbestandenen Haineberg und landen so auf der **Neuenburg** im Weinstädtchen Freyburg. Sie entstand im frühen 12. Jahrhundert und war einst die größte Bastion der Thüringer Landgrafen. Noch etwas älter ist die um 1180 erbaute **Doppelkapelle** auf der Burg.

Wegen ihrer außergewöhnlichen Bauzier gilt sie als besonderes architektonisches Kleinod. Das große Burgterrain ist übrigens erkennbar zweigeteilt – in eine Kernburg mit dem Schloss und der Küchenmeisterei sowie die älteren Vorburg, die von Galerieflügeln umrahmt wird. Hier reckt sich auch ein markanter Bergfried gut 23 Meter himmelwärts, den Volkes Mund seit Kaisers Zeiten den Dicken Wilhelm nennt. Er diente einst als Wohn- und Wehrturm, worauf ein „gehobener Komfort" verweist, so ein Kamin und Abortanlagen. Zuweilen zeigt hier das opulente **Museum auf der Neuenburg** Sonderausstellungen.

Die weitere Tour lässt uns durch die engen Gassen von **Freyburg** wandeln, vorbei an Weinstuben, Souvenirläden und alten Kellereien. Das Städtchen ist das Zentrum des Weinanbaugebietes

Das Steinerne Album bei Großjena

Saale-Unstrut. Aus Freyburg stammt der bekannte **Rotkäppchen-Sekt**. Im 12. Jahrhundert gegründet, besitzt die Stadt bis heute einen fast geschlossenen Stadtmauerring. Weitere Sehenswürdigkeiten sind die **Stadtkirche St. Marien** und der **Herzogliche Weinberg**.

Wer mag, kehre noch einmal ein, andernfalls laufen wir hinunter zur Unstrut und wandern nach rechts über die Schweigenbergstraße Richtung **Zscheiplitz**. Kehrpunkt ist die **Zeddenbachmühle**, an der wir den Fluss queren und am anderen Ufer zurück nach Freyburg laufen.

In Freyburg haben wir schließlich mehrere Alternativen, um wieder nach Naumburg zu gelangen. Die reizvollste nennt sich „Fröhliche Dörte", wahlweise gingen auch „Unstrutnixe" oder „Reblaus". Sprich: Fahrgastschiffe, die über Unstrut und Saale tuckern. Sie fahren zurück zum Blütengrund, wo wir dann erneut mit der Fähre zur Stadt Naumburg übersetzen. Wer Angst vor Bootsplanken hat, nehme stattdessen den Zug, der stündlich zwischen Freyburg und Naumburg verkehrt. Man kann freilich auch zurückwandern oder -radeln und dann noch in weiteren Straußwirtschaften oder Weinlokalen zwischenrasten.

Rotkäppchen-Sektkellerei
Sektkellerstraße 5
06632 Freyburg/Unstrut
Tel. (03 44 64) 3 40
Führungen: Mo–Fr
11/14 Uhr, Sa/So
11/12.30/14/15.30 Uhr
(ohne Anmeldung)

„Fröhliche Dörte"
Schifffahrt auf der Unstrut.
Blütengrund 27
06618 Naumburg
Tel. (0 34 45) 2 61 08 80
www.froehliche-doerte.de
Abfahrtzeiten ab Anleger
Freyburg: Apr.–Okt. tgl.
12.15/14.45/ 17.15 Uhr

Zug Freyburg – Naumburg
Alle 60 Min.,
Fahrzeit 8 Min.

Start
Station Wangen
RB via Weißenfels und
Naumburg Hbf. mind.
alle 2 Std. ab Leipzig
Hbf. (ca. 2 Std. Fahrt-
zeit)

**Besichtigung &
Radtour**
Arche Nebra – Wangen
– Naumburg

Länge
35 km

Rückfahrt
Naumburg Hbf.
RB via Weißenfels
mind. alle 2 Std nach
Leipzig Hbf.

Karte ▸ Seite 180

Arche Nebra
Multimediaausstellung zur
Himmelscheibe, nebenbei
erfährt man viel über das
Leben der Bauern um
1600 v. Chr. Im Café gibt
es Himmelsscheibentorte,
eine spezielle Kreation
der Nebraer Konditorei
Neumann.
An der Steinklöbe 16
06642 Wangen
Tel. (03 44 61) 2 55 20
www.himmelsscheibe-
erleben.de
Apr.–Okt. tgl. 10–18 Uhr,
Nov.–März Di–Fr 10–16,
Sa/So/Fei 10–17 Uhr

Arche Nebra – Naumburg

Auf Himmelswegen

**Diese Tour führt nach Nebra-Wangen, wo
die älteste Sternenabbildung der Welt ge-
funden wurde: die über 3600 Jahre alte Himmelsscheibe von Nebra. Im sehenswerten
Besucherzentrum Arche Nebra erfährt man
viel über Geschichte und Bedeutung der
Himmelsscheibe. Ein Fußweg führt von dort
zu ihrem Fundort. Wer dann noch mag, verbindet die Rückfahrt mit einer schönen Radtour entlang der Unstrut nach Naumburg.**

Es war eine der größten archäologischen Sensa-
tionen der letzten Jahrzehnte, so dass dahinter
selbst die handfeste Kriminalstory verblasst, die
sich um den Fund Himmelsscheibe von Nebra
rankt. Denn entdeckt und ausgebuddelt hatten
diese weltweit älteste recht präzise Sternenabbildung im Sommer 1999 zwei Grabräuber.

Über findige Detektive und ertappte Hehler
gerieten Altertumsforscher schließlich an den
exakten Fundort der 32 Zentimeter breiten Bron-
zescheibe in einer Steinkammer auf dem **Mittelberg** bei **Wangen**, einem Ortsteil von Nebra. Das
internationale Aufsehen, das die Entdeckung nach
wie vor erzeugt, belegt ihre Aufnahme Ende 2013
in das „Gedächtnis der Menschheit" der UNESCO.
Gilt sie doch als Schlüsselfund sowohl für Archäologen als auch Astronomen und Religionshisto-
riker.

Das Original des Artefaktes mit den Darstel-
lungen von Sonne, Mondsichel und 32 Sternen
ruht zwar inzwischen sicher im Hallenser Museum für Vorgeschichte. Doch unweit des Fundortes
ermöglicht ein multimediales Besucherzentrum
das Abtauchen in jene Zeit um 1600 v. Chr., als
die hier siedelnden Bauern offenbar schon recht
klare Vorstellungen von den kosmischen Dimensi-
onen am Himmel besaßen.

Schon die Form jener **Arche Nebra**, die sich
am Ende eines leicht ansteigenden Asphaltwegs
in wenigen Minuten vom Bahnhof Wangen erreichen lässt, ist ungewöhnlich: Das Gebäude

In der Arche Nebra erfährt man alles über die Himmelsscheibe

scheint irgendwie zu schweben, als wollte es gleich abheben zum 3 Kilometer entfernten Fundort der Himmelsscheibe, auf den seine Spitze denn auch direkt zielt. Die Architektur des Besucherzentrums symbolisiert übrigens die goldene Sonnenbarke auf der Himmelsscheibe. Da die Fassade mit eloxiertem Aluminium verkleidet ist, spiegelt sie recht subtil das umgebende Licht. Im Inneren verbindet die Schau sehr unterhaltsam wissenschaftlich Information mit lebendiger Inszenierung.

Von der Arche Nebra geleiten Wegweiser zum 3 Kilometer entfernten **Mittelberg**, dem Fundort der Himmelsscheibe. Auf der 252 Meter hohen Erhebung steht ein weithin sichtbarer Aussichtsturm. Von seiner 30 Meter hoch gelegenen Plattform wandert der Blick bei guter Sicht bis zu Kyffhäuser und Brocken. Während Wanderer die markante Landmarke über einen Waldweg erreichen, folgen Radler dem ausgeschilderten Himmelsscheibenradweg über die Forststraße.

Ist der Turm, der sich wie der Zeiger einer riesigen Sonnenuhr um 10 Grad neigt, schließlich erreicht, verblüfft er noch mit einer weiteren Eigenheit: Ihn teilt ein senkrechter Schnitt.

**Informationen zum
Unstrut-Radweg:**
www.unstrutradweg.de

Der Spalt, der sich damit ergibt, markiert die Sichtachse zu jener Stelle am Brocken, wo die Sonne zur Sommersonnenwende untergeht. Damit ließ sich die Himmelsscheibe hier offenbar einnorden und auch als Sonnenkalender nutzen. Betonbänder im Boden des Bergplateaus helfen dem Besucher, jene bronzezeitlichen Himmelsbeobachtungen nachzuvollziehen. Den exakten Fundort der Himmelsscheibe kennzeichnet schließlich das „Himmelsauge" – eine gekrümmte Edelstahlscheibe, die zugleich raffiniert die Wolken spiegelt.

Wie lange man hier oben verweilt, um sich in weitere archäologische Fundstellen inmitten eines Ringwalls zu vertiefen, hängt davon ab, wie viel Zeit man für die Rücktour veranschlagt.

Radtour Wangen – Naumburg

Die Strecke nach Naumburg misst 35 Kilometer auf meist guten Radwegen – sie berührt indes weitere lohnende Etappenziele. Dem ersten begegnen wir schon nach wenigen Kilometern auf dem

Prachtvolle Fassadenskulpturen am Schloss Burgscheidungen

Unstrut-Radweg, der sich ab Nebra unterhalb der Altenburg am rechten Flussufer entlang zieht. Es ist das momentan leer stehende Renaissanceschloss **Vitzenburg** auf einem Bergsporn jenseits der Unstrut. Einen Fotostopp aus der Ferne sollte es wert sein.

Dafür tangiert die aus grobem Stein gemauerte Dorfkirche von **Reinsdorf** direkt unsere Strecke. Eine schmale Brücke vorm Ort weist zu dem Gotteshaus, das aus einer Klosterkirche von 1135 hervorging. Die alte Pforte mit einem Jünglingskopf als Knauf öffnet sich zwar nur zu konkreten Anlässen, doch das Besondere des Baus bildet ohnehin sein sehr seltener kreuzartiger Grundriss. Die Kirche lässt sich problemlos umrunden.

Danach führt der Unstrut-Radweg durch enge Straßen aus dem Dorf heraus und auf einem recht

Schloss Burgscheidungen mit seinem imposanten Park

neuen Abschnitt weiter gen **Karsdorf**. Weinberge kommen in Sicht, ebenso das Naturschutzgebiet Reinsdorfer Elstloch. Wir sind im **Naturpark Saale-Unstrut-Triasland**, in dem sich Wälder, Auen, trockene Orchideenflächen, Streuobstwiesen und halt auch Rebhänge und Burgen abwechseln. Nach der Kanustation Karsdorf müssen wir jedoch für 4 Kilometer einer Nebenstraße nach Burgscheidungen folgen. Sie wird zum Glück wenig frequentiert. So erreichen wir den nächsten Adelsbau: **Schloss Burgscheidungen**. Es lohnt auf jeden Fall den Besuch. Wegen seines imposanten, terrassenförmig aufgestockten Parks gehört es zum Landestourismusprojekt „Gartenträume Sachsen-Anhalt".

Da das Schloss bis 1990 der Ost-CDU als Schulungsstätte diente, ist es gut erhalten. Gegenwärtig wird es saniert, kann jedoch besichtigt werden. Auch schon von außen beeindrucken prachtvolle Fassadenskulpturen. Der Blick vom Schlossberg erfasst weiträumig das Unstruttal. Das Café-Restaurant „Gräfin Cosel" bewirtet seine Gäste in barockem Schick.

Anschließend strampelt es sich gleich viel leichter nach **Dorndorf** weiter, zumal nun auch wieder ein Radweg einlädt. Er verläuft unterhalb eines spektakulären sandsteinernen Prallhangs, der sich Glockenseck nennt. Denn hier soll einst ein Bauer namens Glocke während eines Unwetters sein Fuhrwerk in die Unstrut gestürzt haben. Schilder warnen davor, dass auch jetzt zuweilen Steinchen die Böschung herab rieseln.

Ab Dorndorf führt der Unstrut-Radweg nach **Laucha** weiter, wo er uns über eine Brücke geleitet, die den Blick auf ein breites Wehr sowie eine Schleuse ermöglicht. Die Lauchaer Schifferklause gleich dahinter empfiehlt sich durch einen Biergarten direkt am Wasser. Auch Laucha selbst ist sehenswert, weshalb wir die Strecke, vorbei an der früheren Mühle, direkt über den Markt nehmen. Das Rathaus mit seiner Freitreppe wie

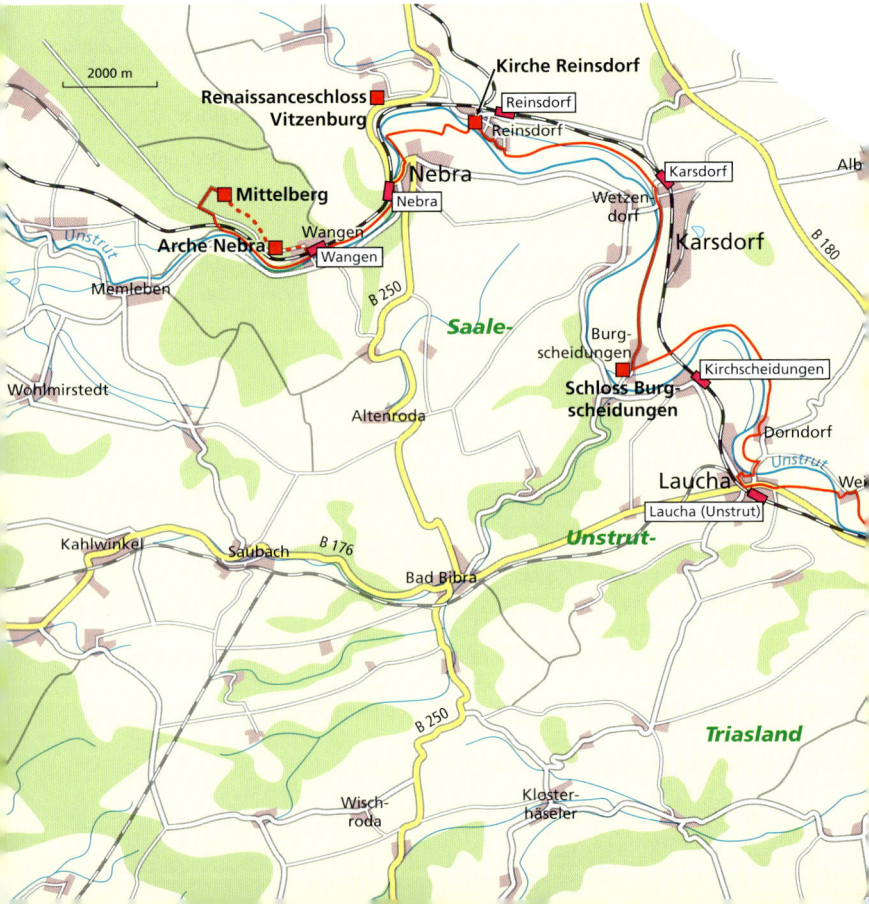

auch die Marienkirche gebieten uns ein kurzes begeistertes Innehalten.

Wer nicht wusste, warum Laucha als Glockenstadt gilt, erfährt dies im **Glockenmuseum**. Dorthin gelangt man gleich hinter dem Rathaus, wo man sich entlang der Stadtmauer links hält. Unmittelbar am Museum geht später auch der Radweg nach **Weischütz** weiter. Erneut passieren wir hier eine kleine Brücke, um dann am Fuße des Schafberges und teils dicht neben der Unstrut zur Zeddenbachmühle zu radeln. Sie ist noch in Betrieb. Zur Rast am rauschenden Wehr lädt das Mühlencafé „Zur Feiße".

Hinter der **Zeddenbachmühle** gibt eine schmale Brücke den weiteren Weg vor. Der geleitet nun zwischen Unstrut und Bahnschienen bis **Freyburg**. Die Zahl der Weinberge mit possierlichen Winzerhäuschen wird dichter, und an der Freyburger Schleuse grüßt auch schon hoch oben die Neuenburg. Wen dies nicht zu einem Aufstieg reizt, radle weiter – nunmehr am linken Ufer entlang – auf einem betonierten Wirtschaftsweg bis **Großjena**. Auf der 5 Kilometer langen Etappe zur Fähre am **Naumburger Blütengrund** grüßen linkerhand der **Max-Klinger-Weinberg** und das **Steinerne Album**. Jenseits der Saale ist es dann nur noch ein Katzensprung bis zum Naumburger Bahnhof.

Schifferklause Laucha
Gaststätte seit 1877. Breite Auswahl an Fischgerichten. Außerdem gibt es Betten (Bungalows) für Radler und Kanuten.
Hallesche Str. 25
06636 Laucha
Tel. (03 44 62) 2 04 22
www.schifferklause-laucha.de
Mai–Okt. Mo–So 11.30–24,
Nov–Apr. Mi–So 16–24 Uhr

Glockenmuseum Laucha
Glockenmuseumstr. 1
06636 Laucha
Tel. (03 44 62) 7 00 18
www.stadt-laucha.de
Apr–Okt Mi–So/Fei 10–12 und 14–16 Uhr

Mühle und Mühlencafé Zur Feiße
Die 120 Jahre alte Wassermühle im Familienbesitz arbeitet noch als eine der letzten ihrer Art an der Unstrut.
Mühle Zeddenbach 1
06632 Freyburg
Tel. (03 44 64) 2 73 80
www.muehle-zeddenbach.de

Naumburg-Roßbach

RB
RB 8

253
Bad Kösen

Naum
Naumb

820
W

VMT
255

RB 20 RB 19

Morten

Start
Station Bad Kösen
RB via Weißenfels
mind. alle 2 Std. ab
Leipzig Hbf. (ca. 1,5
Std. Fahrtzeit)

Wanderung
Bad Kösen – Rudels-
burg – Saaleck – Groß-
heringen

Länge
10 km

Rückfahrt
Station Großheringen
RB via Weißenfels
mind. alle 2 Std. nach
Leipzig Hbf.

Karte ▸ Seite 185

Saaleburgen

Wasserkunst und Bergfriede

Liebliche Kontraste prägen den vielleicht schönsten Abschnitt der Saale zwischen Bad Kösen und Großheringen. Hier Kuridylle und pfiffig genutzte Wasserkraft, dort die Ruinen von Rudelsburg und Burg Saaleck, die fantastische Aussichten ermöglichen.

Kaum in **Bad Kösen** aus dem Zug gestiegen, bleiben wir hier erst einmal hängen. Schon der gepflegte **Kurpark**, der uns vis-à-vis des Bahnhofs empfängt, vermittelt einen ersten Eindruck, weshalb das Städtchen bereits seit dem 19. Jahrhundert ein beliebter Ausflugsort ist. Umgeben von einem milden Klima, das auch den vorzüglichen Saale-Unstrut-Wein reifen lässt, schmiegt es sich in einen der romantischsten und abwechslungsreichsten Abschnitte des Saaletales.

Im Park halten wir uns links und folgen den Schildern zum **Tierpark**. Da wir heute eine eher beschauliche Tour vor uns haben, gönnen wir uns einen Abstecher in die überraschend weitgereiste Fauna des kleinen Zoos. Bären, Alpakas, Papageien und exotische Affen, aber auch frei laufende Pfauen und Eichhörnchen leben hier.

Dann wandern wir weiter zur **Saalefähre**. Die wird noch mit Muskelkraft betrieben und bringt uns sicher auf die andere Seite. Schon vom Wasser aus sehen wir in der Ferne hoch oben die Anlagen des **Gradierwerkes**. Das liegt heute zwar nicht auf unserer Tour. Doch wie die Sole aus der Erde gepumpt wird, die dann am Reisig herabrieselt, lässt sich in Bad Kösen besser als sonst irgendwo in Europa studieren. So halten wir uns am gegenüberliegenden Ufer zunächst links. Wir spazieren die enge Loreleypromenade entlang, bis uns das Rauschen eines breiten Saalewehrs umfängt. Den Blick auf die Stauanlage vertiefen kann man noch bei einem Kaffee auf dem idyllisch gelegenen Freisitz des Restaurants „Am Wehrdamm". Von hier lässt sich auch bereits das

Die Rudelsburg thront hoch über der Saale

berühmte Doppelkunstgestänge ausmachen. Darüber wurde einst die von den Wasserrädern an der Saale erzeugte Energie den Berg hinaufgeleitet, um die Pumpen des Soleschachtes und des Gradierwerkes anzutreiben. Erst 1945 ersetzte elektrischer Strom die Wasserkraft. Doch zur Freude der Touristen schieben sich die hölzernen Stangen heute wieder auf insgesamt 180 Metern ächzend und knarrend gegeneinander. Ein Großteil dieser alten Anlage erschließt sich sehr schnell von einem schmalen Pfad aus, der gleich hinter dem Restaurant rechts zum **Pumpenhaus** hochführt. In diesem Fachwerkhäuschen, das erst kürzlich sehenswert restauriert wurde, wird uns dann der Rest erläutert.

Auf dem Rückweg zur Loreleypromenade steigen wir noch kurz eine Treppe zwischen engen Feldsteinmauern hinauf. Sie endet am **Romanischen Haus**, vor dem sich auch ein kleiner Garten mit Kräuterspinne auftut. Dieses Natursteingebäude mit seinen Rundbogenfenstern aus dem 12. Jahrhundert zählt zu den ältesten Profanbauwerken ganz Mitteldeutschlands. Die Kösener nutzen das Romanische Haus heute als Heimatmuseum. Es entführt uns beispielsweise in die Welt der **Käthe Kruse**, die in dem Städtchen von 1912 bis

Fähre Bad Kösen
Handbetriebene Querseilfähre.
Tel. (03 44 63) 2 89 85
Apr./Sep. Mo–Fr 9–17,
Sa/So 9–18, Mai–Aug. tgl.
8–18, Okt. Mo–Fr 9–16,
Sa/So 9–17 Uhr
Mittagspause Mo–Fr
12.15–12.45 Uhr

Tierpark Bad Kösen
(im Kurpark)
Tel. (03 44 63) 2 73 54
www.tierpark-
badkoesen.de
Apr.–Okt. tgl. 9–18, Nov.–
März tgl. 9–16, ab Feb.
Sa/So 9–17 Uhr

Weinrebe am Saalehang

1950 ihre bekannten, kindhaft gestalteten Puppen fertigte, sowie die des Berliner Landschaftsmalers **Wilhelm Bröker**. Der lebte und malte von 1907 bis zu seinem Tode 1933 in Kösen. Im Übrigen suchten und fanden in dem Weinstädtchen auch andere Maler ihre Motive, etwa Adolph Menzel, Max Liebermann und Edvard Munch.

Nun wandern wir aber endlich zu den Burgen. Wir laufen immer am Ufer entlang, zunächst zurück zur Fähre, dann weiter bis zu einem Auwald. Vor einem Campingplatz biegen wir nach links ab und folgen dem mit einem roten Dreieck markierten Weg. Er weist zur Rudelsburg. Schon bald gabelt sich die Route. Wir halten uns halbrechts. Es wird etwas steiler, doch der Blick auf das Saaletal, den wir wenig später haben, entschädigt dafür schnell. Auch die beiden Burgen lassen sich nun schon ausmachen. Wir bleiben auch an der nächsten Gabelung rechts, nehmen also nicht die Straße nach Kreipitzsch. So kommen wir bald zu einem weiteren Aussichtspunkt. Das restliche Stück zur **Rudelsburg** lässt sich zügig nehmen, zumal nun auch eine rustikale Einkehr lockt. Direkt auf dem Innenhof der Burgruine, zwischen Bergfried und Palas, lassen wir uns zum Mittagessen nieder.

Um nicht mit vollem Magen sofort den nächsten Anstieg nehmen zu müssen, umrunden wir anschließend noch etwas die Burg. Rund 85 Meter über der Saale gelegen, bietet sich von dem Muschelkalkfelsen aus eine berauschende Fernsicht auf das **Saaletal**. Kein Wunder, dass auf der Rudelsburg fast tausend Jahre Adelsfamilien lebten. Bereits ab 1170 war sie bewohnt. Doch der Dreißigjährige Krieg hinterließ sie nur als Ruine.

Schließlich ziehen wir weiter zur Ruine **Burg Saaleck**. Dazu gehen wir unter der Zugangsbrücke hindurch, biegen rechts zur Straße ab und entern bald schon den Bergsporn, auf dem die Nachbarburg thront. Erneut umfängt uns ein grandioses Panorama, das sich von Bad Kösen bis in die Weinberge um das thüringische Bad Sulza spannt. Automatisch spitzt man die Lippen und beginnt zu singen: „An der Saale hellem Strande stehen Burgen stolz und kühn..." Denn hier oben hatten sich um 1825 der Dichter Franz Kugler und der

Burgrestaurant Rudelsburg
Im mittelalterlichen Hof der Burgruine. Gutes Angebot bei Fisch- und Fleischgerichten mit Thüringer Note und zuweilen schon mediterranem Einschlag.
Tel. (03 44 63) 2 73 25
www.rudelsburg.com
Tgl. 10–17 Uhr, Wintermonate Mi–So ab 10 Uhr

Komponist Friedrich Ernst Fesca zu jenem Lied inspirieren lassen.

Auch Saaleck wurde um 1140 erstmals erwähnt. Charakteristisch für die Burg sind die beiden weithin sichtbaren runden Bergfriede. Ihre Mauerstärke beträgt etwa zwei Meter. Im Westturm fanden Archäologen übrigens eine mittelalterliche Abortanlage und einen Kamin. Bis heute ist die alte Veste von Wällen und Gräben umgeben.

Den Rückweg nehmen wir über mehrere Serpentinen und Stufen hinunter zur Saale. Auf der Dorfstraße des Ortes **Saaleck** gehen wir nach rechts in Richtung **Stendorf**. So erreichen wir die Sulzaer Straße, die uns nach links über die Saale führt. Gleich nach der Brücke biegen wir rechts auf eine Allee, die von Pferdekoppeln gesäumt wird. Wir kommen so nach Stendorf und haben noch einmal die Qual der Wahl: Steigen wir rechts zur beliebten Ausflugsgaststätte **Himmelreich** hinauf (in 210 Metern Höhe), sehen wir noch einmal beide Burgen in der Nachmittagssonne glänzen. Oder aber wir laufen auf direktem Weg unterhalb des Prallhanges der Saale durch Felder und Wäldchen nach **Großheringen**, unserem Endpunkt. So oder so – der Bahnhof ist hier dann unübersehbar ausgeschildert.

Berggaststätte Himmelreich
Thüringer Küche in 210 m Höhe mit herrlichem Blick über das Saaletal.
Bergstraße 6
06628 Naumburg
(OT Bad Kösen)
Tel. (03 44 63) 2 73 91
www.himmelreich-bad-koesen.de
Dez.–Ostern Mi–So 11–18,
Ostern–Nov. tgl. 11–18 Uhr

Start
Naumburg Hbf.
RB via Weißenfels alle
60 –120 Min. ab Leip-
zig Hbf. (ca. 1 Std. 15
Min. Fahrtzeit)

Radtour
Naumburg – Schön-
burg – Weißenfels –
Bad Dürrenberg

Länge
35 km

Rückfahrt
Station Bad Dürren-
berg
RB 125 mind. alle 2 Std.
nach Leipzig Hbf.

Karte ▸ Seite 188

Alter Felsenkeller
Direkt an der Saale in
Naumburg-Schellsitz unter
einem Felsen, in dem sich
eine eigene Pilzzucht be-
findet, die auch besichtigt
werden kann. Biergarten,
gutbürgerliche Küche.
Alter Felsenkeller Nr. 1
(Erbsenweg)
06618 Naumburg
Tel. (0 34 45) 26 12 54
www.alterfelsenkeller.de
Tgl. ab 11 Uhr

Saale-Radweg

Sandstein und Sole

**Der Saale-Radweg zwischen Naumburg und
Bad Dürrenberg führt durch herrliche Auen-
wälder, Wiesen und Saale-Überschwem-
mungsgebiete.**

Natürlich könnten wir in **Naumburg** (▸ Seite
168) sofort zum Saale-Radweg abbiegen, zumal
der Hauptbahnhof recht verkehrsgünstig an dieser Route liegt. Aber wenigstens einen kleinen
Schlenker wollen wir durch die fast tausendjäh-
rige Stadt machen. Dazu rollen wir auf der Bahnhofstraße nach links, bis sie auf die Bergstraße
stößt. Hier biegen wir links ab und wenig später
rechts in die Georgenstraße und gelangen bald
zum stolzen **Dom St. Peter und Paul** aus dem frühen 13. Jahrhundert (▸ Seite 168).

Weiter geht es durch die **Altstadt**, wir queren
den Markt, erreichen über die Jakobstraße (Fuß-
gängerzone, Rad bitte schieben) den Marienring.
In diesen links eingebogen, fahren wir dann am
Verkehrskreisel halb rechts in die Hallesche Straße. Nach dem Bahnübergang biegen wir bald
rechts in den Halleschen Anger ab und erreichen
so Saaleufer und **Saale-Radweg**. Hinter **Grochlitz**
passiert der rechts-saalige Weg hohe Sandstein-
wände. Geologisch Bewanderte können hier gut
die Schichten des Trias ausmachen.

Fünf Kilometer hinter Naumburg erreichen wir
Schellsitz. Das liegt zwar links des Flusses, das
Strandlokal **Alter Felsenkeller** duckt sich aber auf
unserer Seite unter einen Felsen.

Frisch gestärkt geht es weiter gen **Schönburg**.
Die Reste der alten Feste, die auf einem Fels
40 Meter über der Saale thronen, sehen wir schon
von Weitem. Nach zwei Kilometern ist die Ruine
erreicht. Wir schließen am Zeltplatz die Räder
an und steigen hinauf zu diesem Musterbeispiel
spätromanischer Befestigungskunst. Der 32 Meter
hohe Bergfried mit seinen 3,60 Meter starken
Mauern beeindruckt schon äußerlich. Doch der
schöne Kamin im Turmgemach und die Wach-
stube an der Spitze toppen das noch. Das Re-

Burgruine Schönburg

naissancegebäude am Tor zur Vorburg, in dem heute die Burgschänke residiert, war übrigens ab 1539/40 eine Försterei. Wer etwas Zeit erübrigen kann, sollte auch durch den Ort mit seinen engen, bergigen Gassen rund um die Kirche schlendern. Schönburg wurde schon als eines der schönsten Dörfer Sachsen-Anhalts geehrt.

Weiter geht es nordwärts. **Weißenfels** rückt näher. Der Ort zählt vielleicht nicht gerade zu den Wendegewinnern im Osten. Doch er hat, was andere gern hätten: eine Flusslandschaft inmitten der Stadt, bewachsen mit herrlichen Kastanien und Trauerweiden. Überdies überrascht die anno 1185 planmäßig angelegte Stadt durch ihre reiche Kulturhistorie. Alles schaffen wir heute nicht. Doch das gewaltige **Barockschloss Neu-Augustusburg**, das die Herzöge von Sachsen-Weißenfels auf einen weißen Fels setzen ließen, reizt uns schon. So biegen wir – kurz zuvor vom Radweg auf die Große Deichstraße geleitet – gleich hinter dem Kreisel von der Dammstraße rechts in die Saalestraße ein. Die kreuzt die Klosterstraße, in die wir links einbiegen. Denn in Nr. 24 erinnert eine Schau in einem schön restaurierten Barockhaus samt Gartenpavillon an Georg Friedrich Philipp Freiherr von Hardenberg. Besser bekannt

Museum
Schloss Neu-Augustusburg
Regionale Herrschaftsgeschichte, Historie der Schuhherstellung, bedeutende Schlosskapelle.
Zeitzer Str. 4
06667 Weißenfels
Tel. (0 34 43) 30 25 52
www.museumweissenfels.de
Apr.–Sep. Di–So 10–17,
Okt.–März Di–So 10–16
Uhr

Novalis Haus mit Pavillon
Im Sterbehaus des berühmtesten Dichters der deutschen Frühromantik.
Klosterstraße 24
06667 Weißenfels
Tel. (0 34 43) 23 45 31
www.novalisweissenfels.de
Di–So 10–17 Uhr

187

via Tipp **Kurpark Bad Dürrenberg**

Europas längstes Gradierwerk wird begleitet von einem liebevoll restaurierten grünen Ensemble aus Trinkhalle, Café, Palmen- und Vogelhaus.

Gradierwerk Bad Dürrenberg
Tel. (0 34 62) 8 39 91
Mitte Mai–Okt. So 14–17 Uhr, Aufgang Windkunst

Palmen- und Vogelhaus
Tgl. 10–16 Uhr geöffnet

als **Novalis**, gilt er als der bedeutendste Dichter der deutschen Frühromantik. 1801 war er hier verstorben.

Nun wird es immer steiler. Wir lassen die Räder stehen und steigen über die Große Burgstraße zum Schloss auf – gar über berühmtes Pflaster. Denn hier waren sie alle, die Großen des Barock: Heinrich Schütz, Johann Sebastian Bach, Johann Beer, Georg Philipp Telemann. Selbst Georg Friedrich Händels Talent wurde hier als Bub entdeckt. Das **Schlossmuseum** erinnert an die prominente Geschichte, es feiert aber noch eine andere große Tradition, die Weißenfels weithin bekannt machte – die der Schuhfertigung. Ein Kleinod ist überdies die original erhaltene **Schlosskirche**. Sie zählt zu den schönsten frühbarocken Anlagen Mitteleuropas.

Von der Schlossterrasse bietet sich der Blick über die Stadt und weit in das Saaleland hinein. So wissen wir, dass es nun flacher wird. Wieder im Sattel, rollen wir zunächst zum Markt. Wir bestaunen die imposante Marienkirche und genehmigen uns im stilvollen Café Centra einen Cappuccino mit Sahnehäubchen. Dann geht es wieder an die Saale. Am Parkplatz in der Dammstraße führt eine kleine Brücke über den Fluss. Damit radeln wir nun rund acht Kilometer auf der linken Saaleseite weiter.

Bei **Kleinkorbetha** wechseln wir jedoch erneut das Ufer und setzen nun langsam zum Endspurt an: **Bad Dürrenberg** naht. Das Kurstädtchen mit seiner über 1000-jährigen

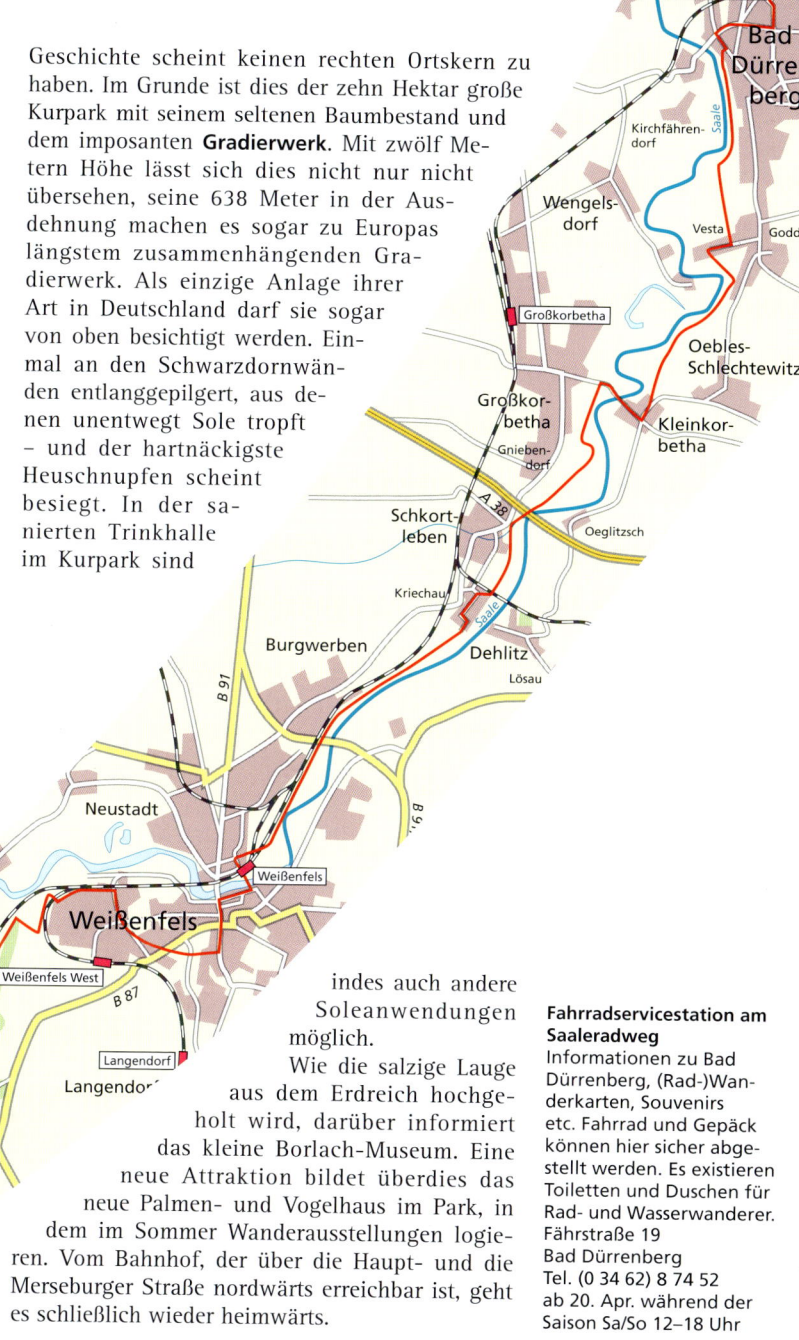

Geschichte scheint keinen rechten Ortskern zu haben. Im Grunde ist dies der zehn Hektar große Kurpark mit seinem seltenen Baumbestand und dem imposanten **Gradierwerk**. Mit zwölf Metern Höhe lässt sich dies nicht nur nicht übersehen, seine 638 Meter in der Ausdehnung machen es sogar zu Europas längstem zusammenhängenden Gradierwerk. Als einzige Anlage ihrer Art in Deutschland darf sie sogar von oben besichtigt werden. Einmal an den Schwarzdornwänden entlanggepilgert, aus denen unentwegt Sole tropft – und der hartnäckigste Heuschnupfen scheint besiegt. In der sanierten Trinkhalle im Kurpark sind indes auch andere Soleanwendungen möglich.

Wie die salzige Lauge aus dem Erdreich hochgeholt wird, darüber informiert das kleine Borlach-Museum. Eine neue Attraktion bildet überdies das neue Palmen- und Vogelhaus im Park, in dem im Sommer Wanderausstellungen logieren. Vom Bahnhof, der über die Haupt- und die Merseburger Straße nordwärts erreichbar ist, geht es schließlich wieder heimwärts.

Fahrradservicestation am Saaleradweg
Informationen zu Bad Dürrenberg, (Rad-)Wanderkarten, Souvenirs etc. Fahrrad und Gepäck können hier sicher abgestellt werden. Es existieren Toiletten und Duschen für Rad- und Wasserwanderer.
Fährstraße 19
Bad Dürrenberg
Tel. (0 34 62) 8 74 52
ab 20. Apr. während der Saison Sa/So 12–18 Uhr

Liebe Leserinnen und Leser,

alle Angaben in diesem Ausflugsführer sind gewissenhaft geprüft. Trotz gründlicher Recherche unserer Autoren/innen können sich manchmal Fehler einschleichen. Wir bitten um Verständnis, dass der Verlag dafür keine Haftung übernehmen kann. Über Hinweise, Berichtigungen und Ergänzungsvorschläge freuen wir uns jederzeit.

via reise verlag
Lehderstraße 16–19
13086 Berlin
post@viareise.de
www.viareise.de

© via reise verlag Klaus Scheddel

2. komplett überarbeitete und erweiterte Auflage, Berlin 2014
Alle Rechte vorbehalten
ISBN 978-3-935029-76-6

Text & Recherche
Harald Lachmann

Redaktion
Klaus Scheddel, Janina Johannsen

Herstellung & Gestaltung
Annelie Krupicka

Umschlaggestaltung
Annelie Krupicka

Kartografie
Tanja Onken & Annelie Krupicka
(via reise verlag)
Carlos Borrell, Berlin

Druck
Ruksaldruck, Berlin

Fotos:
Alle Fotos Harald Lachmann, außer:
125 Stadt Altenburg; 139-140, 147 Thomas Ziegler, Stadt Halle (Saale); 169, 170 Stadt Naumburg, Kultur und Tourismus.

Umschlagfoto vorn
Hainer See (▸ Tour 26)

Umschlagfoto hinten
Burg an der Saale (▸ Tour 40),
Foto: IMG Investitions- und Marketinggesellschaft Sachsen-Anhalt mbH

Foto Seite 1
Wörlitzer Park (▸ Tour 12)

MIX
Papier aus verantwortungsvollen Quellen
FSC® C104247

Gedruckt auf FSC®-zertifiziertem Papier für nachhaltige Waldbewirtschaftung